마흔의 인문학 살롱

내가 누군지도
모른 채 살아온
나를 위한 진짜 공부

마흔의 인문학 살롱

우재 지음

카시오페아
Cassiopeia

두 번째 태어남이란,
가슴에서 우러나오는 삶을
살기 시작한다는 뜻이다.

조지프 캠벨

내 마음의 길을 따른 공부가
마흔 이후의 삶을 바꿔놓다

마흔을 흔히 '불혹不惑'이라고들 한다. 공자께서는 마흔을 그 무엇에도 흔들리지 않는 나이라고 말씀하셨지만, 그 무렵의 나는 내 삶의 뿌리부터 흔들리는 듯한 느낌을 받으며 하루하루를 살아갔다. 여전히 결혼은 내 관심사가 아니었고, 직장에서도 주어진 일들을 잘해내긴 했지만 그로부터 대단한 활력을 얻지는 못했다. 그렇다고 해서 특별히 이루고 싶은 꿈이 있는 것도 아니었다. 무엇인가 삶의 변화가 필요하다고 느끼면서도, 구체적으로 내 마음이 이끌리는 대상이 없었다. 겉으로 보기에는 무난하고 평탄한 시절이었으나 마음 깊숙한 곳에서는 권태로움과 무기력함에 몸 둘 바를 몰랐던 시절이었다.

그러던 어느 날, 오랫동안 잊고 지냈던 나의 오랜 꿈 하나가 섬

광처럼 떠올랐다. 그림이었다. 25년 전, 고등학교 미술 시간에 유화를 처음 그려보았다. 그림을 그리며 나의 감정을 표현하는 즐거움과 유화물감이 주는 질감에 감탄하던 내가 떠올랐다. 그림 그리는 삶에 대한 동경이 시작된 것은 그때부터였다. 하지만 20대 시절에는 졸업과 취업을 위해, 30대 시절에는 사회에서 나만의 영역을 공고하게 확보해가느라 마음에 품고 있었던 그림에 대한 꿈은 차츰 희미해져갔다.

그 오래된 꿈을 마흔 무렵에 다시 꺼내보며 내가 지금 흔들리고 있는 까닭이 나를 나답게 살게 할, 내 안의 오래된 꿈을 외면했기 때문은 아닌지 되돌아보게 되었다. 회사 생활이 바쁘다는 핑계로 그 꿈을 또다시 미룰 수는 없었다. 마음에 불이 당겨지니 몸은 절로 움직였다. 집에서 가까운 문화센터로 달려가 바로 회화 수업을 등록했다. 이 갑작스러운 작은 행동 하나가 마흔 이후 나의 삶을 완전히 바꾸어놓았다.

그림을 그리는 동안 나는 이상한 현상을 경험했다. 하나의 작품을 완성하고 나면 다음 작품을 시작하기 전까지 며칠 동안 심한 우울감에 빠졌다. 다음 작품에 대한 구상이 끝날 때까지 우울감은 계속되었다. 내 삶의 활력을 얻겠다고 시작한 일인데 난데없이 드는 이 우울감이 처음에는 당혹스러웠다. 그러나 새로운 작품을 시작하면 신기하게도 우울감은 이내 사라졌다. 이런 증상을 겪으며 아마추어인 나도 창작 활동을 하며 이처럼 심한 감정의 동요를 겪는데,

역사상 걸작을 남긴 거장들은 예술가로 살아가는 동안 어떤 생각과 경험을 했을지 궁금해졌다. 그 궁금증을 해결하기 위해 회화 레슨을 받던 선생님께 부탁하여 미술사 입문서를 추천받아 읽기 시작했다. 그렇게 접하게 된 E. H. 곰브리치Ernst Gombrich의 《서양미술사》는 나를 '미술사'라는 매혹적인 분야로 이끌어주었다. 그러나 미술사 공부만으로 미술 작품과 그것을 창조해낸 예술가들의 삶이 온전히 이해되는 것은 아니었다.

미술사 공부는 다시 역사, 신화, 철학, 미학 등 다양한 분야로 나를 이끌었다. 미술사를 공부하다 보니 학창 시절 그토록 지루했던 세계사가 그리 재미날 수가 없었다. 미술사의 이해를 위해 공부한 서양의 신화는 인생의 지혜가 가득 담긴 보물창고였다. 신화 속의 상징들이 하나씩 베일을 벗을 때마다 그 안에 담긴 삶의 지혜가 정체를 드러냈다. 신화를 통해 인류의 마음이 어떠한 회로로 움직여왔는지 이해할 수 있었고, 그 과정에서 내 마음의 흐름에 대해서도 깊이 이해하게 되었다.

하나의 예술 작품 안에는 그 시대의 문화와 그 시대를 살아간 사람들의 삶이 고스란히 녹아들어 있었다. 예술을 이해한다는 것은 인간에 대해 알아가는 과정이었고, 그 여정은 바로 나를 찾아가는 과정이기도 했다. 어느덧 나는 일상 속에서도 다양한 예술적 경험을 하고 있었다. 계절의 변화가 보여주는 다양한 색채를 보고 있노라면 인상주의 작품들이 떠올랐다. 광활한 자연을 보고 있으면 낭만주의 그림들이 연상되기도 했다. 증강현실을 경험하는 듯 내가 어떤 작품 속에 들어가 있는 듯한 착각이 드는 순간도 곧잘 겪었다. 일상과 예술의 경계가 모호한 순간들을 경험하면서 나는 일상이 곧 예술이 될 수 있음을 느꼈다. 나의 마음과 감각을 활짝 열어 자연과 사람들을 대하고자 했고, 매일의 일상을 더 충실하고 멋지게 살아내려고 노력했다. 예술의 궁극은 내 삶 자체, 즉 일상이 곧 예술이 되는 경지라는 깨달음이 어느 순간 찾아왔다. 내 안에 쌓여가는 심미적 경험이 흘러넘치자 이를 글로써 표현하고 싶어졌다.

* * *

책의 내용은 크게 미술, 신화, 와인이라는 세 개의 주제를 중심으로 구성했다. 서양 문화의 근간을 이루는 다양한 구성 요소들이 있지만 그중에서도 그리스 로마 신화와 와인은 굉장히 중요한 역할을 수행해왔다. 그렇기 때문에 서양의 예술 작품들을 살펴보면 신화와 와인을 주제로 삼은 작품들이 대단히 많다. 신화는 미술사 공부가 지평을 넓혀가던 와중에 자연스럽게 만나게 된 주제였다. 신화를 이해하고 나자 예술 작품이 다시 보이기 시작했다. 예술가들은 신화 속의 다양한 상징 체계를 이용하여 인간의 욕망과 권력 구조, 삶의 지혜 및 그림을 주문한 이들의 정치적 의도까지 작품 속에 은유적으로 표현했다. 와인 역시 수천 년간 서양인의 삶에서 음료 자체로서의 중요성 못지않게 상징적 의미와 은유로서 예술 작품에 자주 등장했다. 와인은 미술사 공부를 시작하기 이전부터 관심을 갖고 있었던 취미가 미술사 공부를 통해 재발견되고 통섭된 경우였다. 이전까지는 내 몸에 잘 맞는 술이라고 여겨 일상의 여흥으로 즐기는 정도였지만, 그 취미 덕분에 미술사를 공부하면서 서양미술에서 와인이 차지하는 상징성을 금세 발견하였고, 더 깊은 공부를 향해 나아갈 수 있었다.

미술과 신화와 와인에 대한 지식이 어느 정도 쌓이고 나자 그 지식들이 서로 통섭하며 새로운 깨우침이 쏟아지는 경이를 경험했다. 미술사를 공부하며 궁금했던 것을 와인을 주제로 한 책을 읽으며 해답을 발견하기도 했고, 미술사와 와인에 대해 풀지 못했던 의문을 신화를 공부하며 체득하기도 했다. 세 가지 분야가 머릿속에서 통섭을 시작하자 각각의 분야만을 공부할 때에는 알아채지 못했던 더 깊은 사유로 나아가는 쾌감을 맛보기도 했다.

미술, 신화, 와인이 아니더라도 누구나 살면서 자신을 매혹하는 주제가 하나둘쯤은 있을 것이다. 그것을 깊게 파고들다 보면, 공부와 내 삶이 하나로 합일되어 그로부터 기쁨과 깨달음을 경험하게 되는 순간이 분명 찾아올 것이다. 그 경험의 여부가 마흔 이후의 삶을 충만하게 만드느냐 그렇지 못하느냐를 가르는 분수령이 된다는 생각을 요즘 자주 한다.

***

　미술사와 신화, 와인이라는 세 가지 분야를 오랫동안 공부하다 보니 자연스레 이 세 가지 주제를 통섭한 강의를 할 기회들이 자주 있었다. 그 과정에서 만난 다양한 연령층의 수강생들 중에는 자기 자신을 충만하게 해줄 진정한 공부를 하고 싶어 하는 사람이 많았다. 그러나 그 방법을 모르겠다고 하는 사람이 적지 않았다. 그들을 만나 이야기를 나누면서 삶이 무료하고 권태로워 나 혼자 돌파구를 찾기 위해 모색했던 다양한 시도들이 그들에게 도움이 될 수도 있겠다는 생각이 들었다. 그리고 기회가 닿는다면 그들에게 도움이 될 수 있는 인문학 살롱을 운영해보고 싶다는 바람을 갖게 되었다. 이 책의 집필을 결심하게 된 까닭도 거기에서 시작되었다.

　'살롱Salon'은 18세기 프랑스에서 귀부인의 주도하에 귀족 저택의 응접실에 모여 문학과 예술 등 문화에 대하여 폭넓은 주제로 토론하던 것을 일컫는다. 요즘 한국에서 소규모의 문화클럽 활동이 활발하게 이루어지는 것을 보면 살롱 문화가 현대식으로 다시 부흥하고 있다는 생각이 든다. 지금은 한국을 떠나 살고 있지만 여전히 나는 인문학 살롱의 호스트로서 공부에 목마른 사람들에게 안내자 역할을 하고 싶은 꿈이 있다. 어떻게 공부를 해야 할지, 왜 인문학 공부가 필요한지, 인문학 공부를 통해 무엇을 배울 수 있는시 알고 싶은 사람들에게 나의 경험이 하나의 참고할 만한 이정표가 될 수 있다면 참으로 기쁘겠다. 나의 경험과 글이 독자들께 말을 거는 계기가 되어 대화로 이어질 수 있기를 기대해본다.

마지막으로 이 책이 나오기까지 애써주신 분들께 감사의 인사를 전한다. 변함없이 반복되는 일상의 삶에 새로운 경험을 선물해준 카시오페아 출판사의 민혜영 대표님과 편집진에게 깊이 감사드린다. 좋아서 써온 글들이 하나의 책으로 묶여서 세상에 나온다는 것은 무척이나 설레고 흥분되는 경험이었다. 책 출판에 대한 격려와 함께 마음이 흔들릴 때 용기를 준 친구 이소영 작가에게 따뜻한 감사의 인사를 전한다. 덜컥 책의 출판에 동의하고는 한동안 고심하던 아내를 지지해주고 용기를 주며 아내의 책이 출판되는 것을 자신의 일보다 더 기뻐해준 나의 남편에게도 무한한 사랑과 감사의 말을 전한다.

차 례

1장

/

우재의
인문학 살롱에 오신 것을
환영합니다

살롱은 18세기 프랑스에서 귀족의 저택에 모여
귀부인의 주도하에 문학과 예술에 대한
토론을 하던 문화 활동을 일컫는다.
귀족의 저택 안 살롱에서 모임을 가졌기에
이 모임을 '살롱'이라 불렀다.

요즘에는 모임의 주최자가 정한 장소에 모여
대화를 통해 서로의 지식을 증진시키고
기호를 세련되게 가다듬는
즐거운 모임을 가리키는 단어로 쓰이고 있다.

나에게는 오래된 꿈이 하나 있다.
바로 인문학 살롱의 호스트로서
공부에 목마른 사람들을 위해
안내자 역할을 하고 싶은 꿈이다.

어떻게 공부를 해야 할지,
왜 인문학 공부가 필요한지,
인문학 공부를 통해 무엇을
배울 수 있는지 알고 싶은 사람들에게
나의 경험이 조금이라도
도움이 될 수 있기를 바라는 마음이다.

공부는 향연이어라

'심포지엄Symposium'이라고 하면 어떤 장면이 연상되는가? 미술을 좋아하는 나는 미술관이나 박물관에서 심포지엄이 열리면 종종 참석하곤 했다. 토론자가 아닌 청중으로서 참석하는 자리였지만 그곳에서 보고 듣고 배운 것이 많았다. 그럼에도 불구하고 자리에 끝까지 앉아 있지는 못했다. 주요 주제 발표가 끝나고 참석자들 사이에 질의응답이 오고 가며 본격적인 토론이 시작될 무렵이면 슬그머니 회장을 빠져나오곤 했다. 불안감과 위태로움을 불러일으키는 날선 공방이 싫어서 그 자리에 더는 있고 싶지 않았기 때문이다. 지적인 발전은 좋았지만, 심포지엄 특유의 무겁고 딱딱한 분위기에 숨을 쉬기가 어려웠다.

국립국어원 표준국어대사전의 설명에 따르면 심포지엄은 '특정한 문제에 대하여 두 사람 이상의 전문가가 서로 다른 각도에서 의견을 발표하고 참석자의 질문에 답하는 형식의 토론회'를 일컫는 단어이다. 심포지엄은 우리말로 흔히 '학술 토론회'라고 한다. 그러나 오늘날 통용되는 의미와는 달리 이 단어가 기원한 고대 그리스 시대에 심포지엄은 곧 '향연饗宴'을 의미했다.

'심포지엄'은 고대 그리스의 철학자 플라톤이 기원전 384년경에 저술한 책의 원제이기도 하다. 한국어 번역본은 《향연》이라는 제목으로 출간되었다. 《향연》은 소크라테스를 비롯해 주최자 아가톤의 지인들이 아가톤의 집에 모여 에로스(사랑)에 대하여 다양한 관점에서 토론한 내용을 정리한 책이다. 이처럼 심포지엄은 주최자가 자신의 집이나 약속된 장소로 참석자들을 초대하여 음식과 와인을 나누며 토론하던 것을 가리킨다. 고대 그리스 시대의 심포지엄은 요즘의 그것처럼 딱딱하거나 무거운 분위기가 아니었다는 의미이다.

고대 그리스 시대의 심포지엄은 오히려 '음주 파티'에 가까웠다. 그렇다고 해서 거나하게 술판만 벌어졌던 것이 아니라 와인을 음용하며 하나의 주제를 두고 토론하던 문화였다. 고대 그리스의 시민계층 남성들이 향유하던 심포지엄의 풍속은 에트루리아(지금의 이탈리아 토스카나 지역)와 고대 로마에도 계승되었다. 고대 로마에서는 이 문화를 '콘비비움Convivium'이라고 불렀다. 고대 그리스의 심포지엄과 고대 로마의 콘비비움은 비슷한 성격의 모임이었지만 다른 점이

안젤름 포이어바흐, 〈플라톤의 향연〉

캔버스에 오일, 1869년, 독일 베를린 구 국립 미술관. 모임의 주최자인 시
인 아가톤이 술에 취하여 모임에 늦게 참석한 알키비아데스를 맞이하고 있
다. 그림의 오른쪽 무리 중 가운데에 하얀 옷을 입고 머리를 숙이고 앉아
있는 사람이 소크라테스이다.

하나 있었다. 심포지엄의 참석자들은 평등한 대우를 받은 반면, 콘비비움의 참석자들은 계급에 따라 앉는 위치부터 제공되는 와인까지 차등이 있었다.

《향연》에서 마흔 이후
공부의 방향을 찾다

책의 시작을 열며 심포지엄(향연)의 의미에 대해 긴 설명을 하게 된 까닭은 무릇 마흔 이후의 공부는 어때야 하는가에 대한 이야기를 하고 싶었기 때문이다. 마흔 이후의 공부는 어떤 틀에 나를 맞춘 딱딱하고 무거운 공부가 아니라, 내 마음의 길이 향하는 곳을 따르는 유연하고 즐거운 공부여야만 한다. 그래야 지치지 않고 오랫동안 깊고 넓게 지식의 세계를 유영하는 기쁨을 맛볼 수 있다.

미술과 신화에 관심이 많다 보니 자연스레 고대 그리스 로마 시대에 쓰인 고전들도 공부하게 되었다. 플라톤의 저서도 그것들 중 하나였다. 그런데 이상하리만치 플라톤의 저작들은 나에게 큰 흥미를 불러일으키지 못했다. 플라톤의 저서에 자주 등장하는 소크라테스 특유의 대화법이 마음속에 잘 들어오지 않았기 때문이다. 그러나 여러 번의 시도 끝에 플라톤의 저서 중 몇 작품을 읽을 수 있었다. 특히 《향연》은 나의 관심사였던 와인과 관계가 있었기 때문에 심포지엄이 어떠한 방식으로 열렸는지 알고 싶은 호기심으로 즐겁게 읽었다.

플라톤의 《향연》을 읽을 때, 고대 그리스의 향연이 어떻게 이루어졌는지 모른 채 보면 심포지엄이 가진 중요한 의미를 놓칠 수 있다. 고대 그리스의 향연에서는 와인이 대화에서 중요한 역할을 했다. 심포지엄이란 단어의 어원인 'Sympinein'은 '함께 모여 술을 마신다'라는 뜻이다. 이 심포지엄에서는 악기 연주와 춤이 곁들여지기도 했다. 흥미로운 점은 향연을 주최한 호스트가 그날 제공될 와인의 종류와 더불어 와인의 농도도 결정하였다. 고대 그리스에서는 지금과는 달리 와인 원액에 물을 섞어 마셨다. 원액을 그대로 들이켜는 행동은 야만으로 취급받았다. 진한 술을 마시고 싶을 때에는 물과 와인의 비율을 2:1에서 5:3 정도로 섞었고, 그보다 연하게 마시고 싶을 때에는 5:1의 비율로 농도를 조절하였다. 《향연》에는 전날의 숙취로 힘들어 하는 사람들이 많으므로 비교적 묽은 농도로 와인을 주조해 마시고 술 마시기도 강요하지 말자고 미리 약속하는 장면이 나온다. 술을 강요하는 문화는 예나 지금이나 크게 다르지 않았던 모양이다.

와인의 농도뿐만 아니라 와인을 담는 용기도 다양했다. 와인을 저장하는 항아리(암포라Amphora), 와인을 차갑게 만드는 쿨러(프시크테르Psykter), 물과 와인을 섞는 항아리(크라테르Krater), 물을 섞은 와인을 서빙하기 위한 주전자(오이노코에Oinochoe), 와인을 담아 마실 개별 잔(킬릭스Kylix) 등 오늘날의 와인을 숙성시키는 오크통, 와인 침전물을 거르는 디캔터, 다종다양한 와인 잔 등에 비견할 만큼 다양한 와인 용기들이 존재했다.

당시의 와인 문화에 대한 소개는 이쯤에서 각설하고 다시 플라톤의 《향연》으로 돌아가보자. 《향연》의 호스트는 고대 그리스의 비극작가 아가톤이다. 기원전 416년 아가톤은 아테네의 비극 경연에서 우승을 하였는데, 이를 기념하기 위해 자신의 친구들을 집으로 초청하여 심포지엄을 열었다. 이 자리에 소크라테스를 포함해 모두 일곱 명이 참석하였다. 참석자들은 앉은 자리를 기준으로 왼쪽에서 오른쪽 방향으로 돌아가며 '에로스'를 주제로 자신의 의견을 펼치는데 그 의견이 실로 다양하다. 어떤 이는 에로스를 사람 사이의 사랑으로 설명하고, 어떤 이는 사람 이외의 다양한 분야—학문이나 의술 등—에 대한 사랑으로 풀이하기도 한다. 요즘의 우리는 에로스라고 하면 인간들에게 사랑의 감정을 불러일으키는 신의 이름이나 육체적 사랑을 의미하는 말로 알고 있지만, 고대 그리스의 에로스는 그러한 의미뿐만 아니라 어떤 대상에 대한 열정이나 사랑을 모두 포괄하는 의미로 사용되었다. 이처럼 《향연》에 등장하는 에로스는 비단 사람 사이의 사랑에 국한하지 않고 '모든 것에 대한 사랑'을 가리켰다.

그렇다면 《향연》에 등장하는 여러 인물들 중 소크라테스는 에로스에 대해 어떤 말을 하였을까? 그는 그리스의 무녀 디오티마의

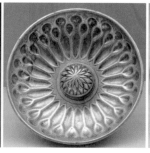

고대 그리스의 다양한 와인 용기들

왼쪽은 킬릭스(고대 그리스의 와인 잔)가 얼마나 컸는지 알 수 있는 기원전 510년경의 그림이다. 가운데는 손잡이가 없는 야트막한 대접 모양의 와인 잔인 피알레Phiale의 실물로 《향연》의 마지막 부분에서 소크라테스와 두 명의 토론자가 여기에 와인을 따라 돌려가며 마시며 새벽까지 토론을 이어 간다. 오른쪽은 아폴론이 헌주하는 모습을 그린 그림으로 여기에서 아폴론이 들고 있는 그릇이 피알레이다. 고대 그리스에서는 와인을 마시기 전에 3번의 헌주를 하는 풍습이 있었다. 《향연》에서도 소크라테스가 토론 전에 신께 헌주를 하고 토론을 시작하는 장면이 나온다.

입을 빌려, 몸에 대한 사랑에서 모든 사람의 몸에 대한 사랑으로, 몸에서 행동에 대한 사랑으로, 행동에서 지혜에 대한 사랑으로, 지혜에서 아름다움 자체에 대한 사랑으로 점차 범위를 넓혀가며 에로스에 대해 설파한다. 한 사람에 대한 사랑이 다수에 대한 사랑으로 발전하고, 다수에 대한 사랑이 전 인류에 대한 사랑으로 발전하며 점점 보편적인 사랑으로 나아가는 모습을 이야기하면서 소크라테스는 사랑의 이데아란 무엇인가에 대해 자신만의 관점으로 조목조목 설명한다.

《향연》을 읽으면서 가장 관심이 갔던 부분은 참석자들이 에로스에 대해 모두 다른 생각을 하고 있다는 점이었다. 오늘날에는 신화를 고대인들이 만들어낸 재미난 이야기 정도로 생각하는 사람도 있지만 고대인들에게 신화는 그들의 정신세계를 지배하던 종교였다. 신화 속의 다양한 신들은 특정한 역할을 담당한 신으로 숭배를 받았지 인간의 시각으로 해석되는 존재는 아니었다. 그러나 철학이 태동하며 인간의 이성이 중요해지기 시작하자 신화 속의 신은 더 이상 절대적 권위를 지닌 신이 아니라 인간의 시선으로 해석되기 시작했다. 소크라테스, 플라톤, 아리스토텔레스와 같은 철학자가 등장하며 고대 그리스의 신화가 지녔던 종교적 위용은 철학에게 그 자리를 내어주게 되었다.

한 잔의 술과 대화가 어우러지니
어찌 즐겁지 아니할까?

그리스 신화와 그리스 고전 작품을 알고 나서 《향연》을 읽으면
보다 재미있는 독서가 가능해진다. 《향연》의 전반적인 토론 주제는
앞서 말했듯이 에로스에 대한 것인데, 그리스 신화에는 두 명의 에
로스가 등장한다. 한 명은 우리가 익히 알고 있는 에로스로 여신
아프로디테의 아들이다. 또 다른 에로스는 가이아 여신이 세상을
창조하던 시기에 탄생한 에로스이다. 이들을 비롯해 오디세우스, 헤
라클레스 등 《향연》에는 그리스 신화 속 신들의 이름이 종종 호명
된다. 또한 향연에 참석한 이들이 사랑에 대한 자신의 주장에 힘을
싣기 위해 그리스 희비극 작품 속의 문구도 자주 인용하여 은유적
인 설명을 하기도 하는데, 이미 그리스 고전 작품을 알고 있는 독
자라면 인용된 문장들을 읽는 재미도 남다를 것이다.

그렇다면 와인과 토론이 함께 어우러졌던 당시의 심포지엄은
어떤 분위기로 진행되었을까? 예술가들이 남긴 회화 작품을 통해
짐작해보건대, 심포지엄에 참석한 사람들은 긴 의자에 비스듬히 기
대앉아 노예 소년이 따라주는 와인을 마시며 토론을 하였음을 알
수 있다. 여기에서 한발 더 나아가 다소 질펀한 분위기의 심포지엄
도 있었던 모양이다. '다이버의 무덤' 벽화에 그려진 심포지엄 장면
을 보면 서로 묘한 눈빛을 교환하는 남성들이 묘사되어 있다. 고대

'다이버의 무덤' 벽화
사방 벽에 심포지엄 장면이 그려져 있다.

우재의 인문학 살롱에 오신 것을 환영합니다

그리스의 도기는 다양한 그림으로 장식을 했는데, 도기로 만든 킬릭스 잔 안쪽에는 에로틱한 그림이 그려진 것들이 많았다. 잔이 비어갈수록 안쪽에 그려진 그림들이 드러나도록 만들어졌는데, 진한 동성애 장면도 많이 묘사되어 있었다.

　오늘날에도 다양한 분야에서 심포지엄이 열린다. 그런데 요즘 열리는 심포지엄은 술과 함께하는 토론회라는 단어의 본뜻과는 달리 다소 무미건조한 토론회가 되어버린 듯하다. 학술만 남고 향연은 사라져 이성적인 논쟁만이 오가는 것 같다고나 할까? 토론자들이 상대방의 의견에 반대하는 말을 격렬히 던지며 토론할 때에는 청중 입장에서 마음이 조마조마해질 정도이다. 그럴 때 날카로워진 이성을 살짝 눌러주는 와인을 한 잔이라도 곁들이면서 냉랭한 분위기를 희석시킬 수 있다면 훨씬 부드러운 분위기 속에서 더 깊은 토론을 이어나갈 수 있지 않을까? 마치 《향연》 속의 심포지엄처럼 말이다. 자고로 공부는 향연이어야 한다. 삶이란 무엇인지, 나는 어떠한 존재인지 인생의 궁극적인 질문을 가지고 시작한 공부라면 더더욱 내 안에서 즐거움과 흥이 올라오는 공부가 되어야 한다. 나는 내가 주최하는 인문학 살롱이 이야기와 웃음이 가득한 향연이었으면 좋겠다. (와인까지 곁들인다면 금상첨화일 테고!)

배움은
평생 이어가는 것

하루가 다르게 급변하는 시대를 살아가는 현대인에게 공부는 학창 시절 한때 하고 마치는 일이 아니라 평생을 두고해야 하는 과업이 되었다. 나날이 새로워지는 테크놀로지를 따라가기 위해서라도 배움을 게을리할 수 없는 시대를 살고 있다. 새로운 문명에 익숙해졌다 싶으면 곧바로 또다시 새로운 것이 나오니 변화의 속도를 따라잡기가 참으로 벅찬 시대이다. 이럴 때일수록 내 마음의 중심을 잡고 세상에 휘둘리지 않을 수 있는 자기 주관을 바로세우지 않으면 삶은 내내 피로하고 피폐해진다.

그렇다면 어떻게 나만의 가치관을 세울 것인가? 급속도로 바뀌는 환경 속에서 어떻게 삶의 균형을 잡을 것인가? 나는 인문학과고전 공부에서 그 해답을 찾을 수 있다고 생각한다. 과학기술이 세상을 주도하다 보니, 기술이 인간에 대한 근원적인 질문보다 앞서는 사태를 목격하곤 한다. 기술의 발전을 통해 우리가 추구하고자 하는 바는 삶의 편리이자 안녕이 아니던가. 그러나 그것이 마음의 문제를 해결해주지는 못한다. 아무리 세상이 급변하고 과학이 세상을 지배하는 세상이 되었어도 그 중심에는 언제나 인간이 있음을 우리는 기억해야 한다. 인간이란 무엇이고, 나는 누구이며, 어떻게 살아갈 것인지에 대한 탐구를 멈추지 않는다면 우리는 끊임없이 밀려드는 변화의 파도 위에서도 삶의 균형을 유지할 수 있으리라 믿는다.

고전은 인간 삶을 둘러싼 근원적인 질문에 대한 답을 찾을 수 있는 좋은 텍스트이다. 2500여 년 전에 '인간이란 무엇인가'를 고민했던 성인聖人들―소크라테스, 공자, 부처 등―의 가르침과 인류의 기원인 선사인과 고대인들의 생각이 담긴 신화 속 삶의 지혜가 요즘 들어 더욱 필요하리라고 여겨진다. 그렇다면 동서양의 고대 현인들은 어떠한 가르침을 베풀었으며, 현대를 살아가는 우리는 그들의 가르침을 어떻게 공부해야 할까?

배움의 원형,
공자와 플라톤의 사설 학원

동서양의 고전을 읽다 보면 공자와 플라톤의 '사설 학원'에 대한 이야기가 자주 등장한다. 공자와 플라톤이 살던 시절에는 국가에서 운영하는 공교육 기관이 따로 없었기에 능력이 뛰어난 지식인이 개인적으로 제자들을 모아 가르치던 것이 일반적인 교육의 형태였다. '사설 학원'은 그러한 당대의 교육 형태를 두고 필자가 재미있게 이름을 붙여본 것이다. 인류 지성사의 흐름을 바꾼 위대한 지식인을 어찌 한두 명만 꼽을 수 있겠냐마는 편의상 고대 동양의 대표적 지식인으로 공자를, 고대 서양의 지식인으로 플라톤을 예로 들어 그들의 사설 학원에서 무엇을 가르쳤는지 살펴보자.

　공자의 사설 학원은 '행단杏壇'이라고 불렸다. 행단에서 '행杏'은 살구나무 또는 은행나무를 지칭한다. 살구나무든 은행나무든 나무가 자라는 언덕에 모여 앉아 공자와 제자들이 문답식의 공부를 했음을 짐작하게 한다. 공자는 제자들에게 제대로 심신수양을 시켜서 정치인이나 관료로 진출시킬 인재를 키우고자 했다. 공자의 가르침을 모아 엮은《논어》는 지금까지도 동양 문화권에서 큰 영향력을 발휘하고 있으며, 그가 가르친 제자들의 일화도 신화화되어 전해지고 있다. 공자의 사설 학원을 지칭하는 행단은 이후에 향교나 학교를 가리키는 용어로 의미가 확장되었다.

　플라톤 역시 공자처럼 자연 속에서 제자들을 가르쳤다. 공자의 행단이 살구나무 또는 은행나무가 자라는 언덕에 위치했다면, 플라톤은 아테네 외곽의 올리브나무가 많이 자라는 언덕에 청소년을 교육하기 위한 학원을 세웠다. 스승 소크라테스 사후 10여 년이 지

나능호, 〈공자행단현가도〉(왼쪽)
1887년, 개인 소장.

플라톤의 아카데미를 묘사한 바닥 모자이크(오른쪽)
기원전 1세기, 이탈리아 나폴리 국립 고고학 박물관.

난 기원전 387년, 영웅 아카데모스를 모신 신성한 지역에 학원을 세웠기에 플라톤은 그 지역의 이름을 따서 자신의 학원을 '아카데메이아Akadēmeia'라고 명명했다. 오늘날 학술 기관 등을 의미하는 영단어 'Academy'는 아카데메이아에서 유래했다. 플라톤 역시 공자처럼 청소년들을 심신수양 시켜서 훌륭한 정치가로 키워내고자 했다. 플라톤의 아카데메이아에서 가르친 주된 과목은 수사학이었다.

플라톤의 아카데메이아가 배출한 가장 뛰어난 제자는 그리스의 철학자 아리스토텔레스이다. 열일곱 살에 아카데메이아에 입학한 아리스토텔레스는 그곳에서 20년간 공부했다. 아카데메이아는 동로마제국의 유스티니아누스 1세 황제가 529년 폐쇄를 명할 때까지 지속되었다. 플라톤의 아카데메이아는 르네상스 시기 이탈리아 피렌체의 메디치 가문이 '아카데미'라는 이름으로 학교를 설립하면서 역사 속에서 다시 부흥했다. 아카데미라는 이름은 프랑스 절대왕정이 왕실이 필요로 하는 인력을 키워낼 목적으로 '왕립아카데미'를 설립하면서 그 이름에 담긴 위상을 공고히 했다. 이후 유럽의 다른 나라들도 왕립아카데미를 표방한 교육시설을 세우면서 아카데미는 차츰 교육 기관을 지칭하는 보통명사로 자리 잡게 되었다.

4차 산업시대의 평생 공부, 어떻게 할 수 있을까?

공자와 플라톤이 추구한 공통적인 교육의 목표는 시대가 요구하는 인재를 양성해내는 것이었다. 행단과 아카데메이아에서 이루어진 가르침의 주된 내용은 심신수양을 중심으로 한 인성교육이었다. 오늘날 청소년들은 학교 공부를 마치고도 여러 학원을 다니며 공부에 매진한다. 하지만 (명문) 대학 입학을 목표로 삼은 공부가 심신의 수양과 인격 함양에 도움이 되는지는 의문이다. 공자의 행단과 플라톤의 아카데메이아는 자연 속에서 스승과 제자가 묻고 답하는 문답식 수업 방식으로 이루어졌다. 이에 반해 현대의 교육은 교실에서 선생님이 일방적으로 강의하고 학생들은 경청만 하는 주입식 교육이 대부분이다. 현대는 누구나 교육의 기회를 보장받고 있지만 공부의 질을 따지자면 오늘날의 교육이 고대의 교육보다 더 낫다고 장담하지는 못할 듯하다.

그렇다면 학생이 아닌 어른들의 공부는 어떠해야 할까? 행단이나 아카데메이아는 젊은 청년들을 가르쳐 나라의 동량이 되도록 가르치는 데 목적이 있었다. 당시는 지금에 비하면 사회의 변화도 느렸고, 평균수명도 짧았다. 배움을 마친 청년이 사회에 나아가 재교육을 받지 않아도 이후의 삶을 살아가는 데 별문제가 없었다. 무학자들도 많았던 시대이기도 했다.

오늘날은 2500여 년 전과 상황이 크게 달라졌다. 사회도 급변하고 있고, 평균수명도 대단히 길어졌다. 현대인에게 교육은 곧 인권으로, 모든 사람에게 배움의 기회가 주어진다. 사회의 변화 속도가 급격하지 않던 몇십 년 전만 해도 학창 시절에 열심히 공부한 것만으로도 평생을 먹고살 수 있었다. 그러나 수십 년 사이 '100세 시대'라고 부를 정도로 평균수명도 길어졌고, 매일 새로운 기술이 쏟아진다. 학창 시절의 공부만으로 남은 인생을 살 수 없는 시대가 되었다. 평생교육의 중요성이 대두된 이유이다.

사회인으로 살아가다 보면 학창 시절과는 다른 질문들이 생겨난다. 인생이란 과연 무엇인지, 나라는 존재는 무엇인지, 자기 삶의 절실한 질문들이 마음 깊은 곳에서 솟아오르기 시작한다. 자신이 평생 해야 할 공부의 주제는 바로 이 질문이나 흥미에서 시작된다. 질문이 생겼다면 거기에서 멈추지 말고 답을 찾아가야 한다. 그것이 공부의 시작이다. 어른이 된 이후에 하는 공부가 좋은 이유는 학창 시절에는 정규 교육의 틀에 갇혀서 제대로 들여다보지 못했던 자신의 관심 분야를 마음껏 공부할 수 있기 때문이다.

어떻게 공부할 것인가도 각자의 선택에 달려 있다. 혼자서 하는 공부가 좋은 사람은 효율적인 독학 방법을 찾으면 된다. 요즘은 교육의 인프라가 워낙 잘 갖춰져 있어서 학교나 학원에 가지 않더라도 혼자서도 공부할 수 있는 방법이 많다. 지역별로 도서관이 잘 갖춰져 있어 국내도서는 물론이요, 외서도 어렵지 않게 빌려볼 수 있다. 지역 문화센터나 미술관, 박물관, 음악당 등에도 다양한 교육 프로그램이 마련되어 있다. 이러한 공공시설뿐만 아니라 개인을 중심으로 한 문화클럽 활동도 다양해져서 자신과 관심사가 비슷한 사람들과 더불어 공부할 수도 있다.

수동적 공부가 아닌 '나만의 질문' 만들기

초고속망으로 전 세계가 연결된 덕분에 세상의 온갖 지식이 인터넷 안에 넘쳐난다. 옛 현자들의 가르침뿐만 아니라 첨단 과학기술 지식까지 없는 것이 없다. 그 안에서 우리는 우리가 원하는 것은 무엇이든 찾아서 배울 수 있다. 인터넷은 전 세계의 거의 모든 지식이 망라된 세계 최고의 아카데미이다. 실제로 세계의 유수한 아카데미(대학)들이 인터넷에 그들의 강의를 업로드해놓았고, 그 외에 다양한 영상매체들에도 훌륭한 강의들이 업로드되어 있어 언제, 어디서든 쉽게 공부할 수 있는 세상이 되었다. 기술의 발전 덕분에 배움의 도구들은 나날이 진화 중이다. 더 이상 공부할 도구나 기회가 없어서 공부를 할 수 없는 시대가 아니다. 가장 중요한 것은 공부를 하고자 하는 의지와 '나만의 질문'을 만들어내는 것이다.

젊은 시절부터 '나는 누구인가'라는 질문이 끊임없이 마음속을

맴돌았다. 나를 찾기 위해 거쳐온 과정은 신화 속 영웅들이 통과하는 모험 못지않게 길고 힘든 여정이었다. 스스로 질문하고 스스로 답을 찾는 과정이었기에 무수한 시행착오들을 겪었다. 지름길은 없었다. 하지만 마흔 이후 배움을 평생의 습관으로 이어오는 동안, 나는 고전을 비롯해 다양한 배움의 경로를 통해 동서고금의 수많은 스승들을 만났고 마침내 지금의 나로 성장할 수 있었다. 나는 여전히 공부가 좋다. 책을 펼치고 지식을 탐색하는 순간, 21세기를 사는 나는 2500여 년 전 플라톤과 공자의 세계와 만난다. 그들의 인문정신으로부터 현재를 살아갈 힘을 얻는다. 공부는 나를 나답게 살 수 있도록 근원적인 힘을 불어넣어주는 원천이자, 나를 찾아가는 과정이다.

여성의 공부,
해방에 이르는 길

　　학교를 졸업하고 사회생활을 하면서도 꾸준히 다양한 분야의 책을 읽으며 나를 탐구하는 공부를 했지만 헛헛한 마음은 쉽게 채워지지 않았다. 삶에 어떤 열정도 활기도 느껴지지 않던 시절, 문득 학창 시절부터 가졌던 그림에 대한 꿈이 떠올랐다. 더 늦기 전에 그 꿈을 내 삶 속으로 가져와야겠다고 생각했다. 당장 집 근처 문화센터에 가서 회화 수업을 등록했다. 이것이 내 삶을 크게 바꿔놓을 것이라는 사실을 그때는 알지 못했다.

　　앞에서도 이야기했지만 그림을 그리며 나는 내면의 에너지가 분출함을 느꼈다. 때로는 얼마나 몰입을 했는지 광기에 가까운 감정의 폭발을 경험하기도 했다. 한 작품을 끝내고 다음 작품을 구상하기까지 새로운 아이디어를 떠올리고, 관련 자료를 찾아보고, 구성을 잡아보는 며칠간은 심각한 우울 증상에 빠져들기도 했다. 그러나 이런 우울증은 다시 그림을 그리기 시작하면 이내 사라졌다. 당황스러울 만큼 급격한 내면의 변화를 겪으면서 나는 인간의 심리가 궁금하기도 했고, 역사 속의 거장들은 어떤 마음 자세로 예술활동을 했는지 알고 싶어 선생님이 추천해주신 E. H. 곰브리치의 《서양미술사》를 읽어나갔다. 나는 그 책을 읽으며 역사 속 거장들의 예술 세계를 탐구하기 시작했다. 내가 겪은 심리적 변화에 대한 해답을 찾기 위해 읽고 또 읽었다. 무언가에 그토록 몰입해본 적이 없었을 만큼 공부에 빠져들었다. 지식을 습득하기 위해 책을 읽을 때와 달리 나만의 물음을 가지고 하는 공부에는 차이가 있었다. 정신이 생생히 살아 움직이는 것 같았다. 나는 그 책 안에서 내 질문에 대한 해답을 얻지는 못했지만 미술사라는 매혹적인 세계에 입문하게 되었다.

그렇게 시작한 미술사 공부는 역사, 신화, 종교, 철학, 미학, 심리학, 인류학, 고고학, 과학 등 다양한 분야로 내 공부의 범위를 넓혀가도록 인도했다. 하나의 미술 작품을 제대로 이해하려면 그 작품이 만들어진 당대를 살던 사람들이 어떤 생각을 하고 어떻게 살았는지를 다각도로 알고 있어야만 했기 때문이다.

신화에서 발견한
가부장제의 오랜 흔적

　서양미술사를 이해하기 위해 시작했던 신화 공부는 나의 삶을
더욱 성장하게 해주었다. 단순히 재미난 이야기라고만 생각했던 신
화는 세상과 인간에 대한 통찰이 가득한 보고였다. 신화를 공부하
며 미미한 존재로 살아가던 인류가 어떻게 우주와 자연의 원리를
통찰했는지, 자신의 존재를 어떻게 우주와 자연에 일체화시켜나가
며 생각을 탄생시키고 마음 작용을 형성해나갔는지 탐구해나갔다.
물론 처음부터 신화를 공부하는 법을 잘 알아 체계적으로 순서를
잡아가며 공부해나간 것은 아니었다. 이것저것 공부를 해나가다 보
니 조금씩 효율적이고 나에게 맞는 공부법을 터득했고, 지름길은
아니지만 결국은 나만의 길을 찾아나갈 수 있었다.
　신화에는 인류가 살아온 궤적이 다양한 층위로 반영되어 있다.
신화는 여느 분야와 마찬가지로 시대정신을 반영하는 서사이기에
신화를 탐구하다 보면 인류의 사고 변천 과정이 보였다. 신화는 인
간의 보편적인 삶의 지혜와 세상을 바라보던 통찰력이 반영된 이야
기였다. 하지만 신화를 깊이 독해해갈수록 마음 한 편에 불편한 감
정이 일었다. 신화 속의 많은 장면들에서 조선시대의 가부장제가
오버랩되었기 때문이다. 신화 속에 나오는 여신들의 면면을 읽을 때
면 여성의 건강한 생명력이 느껴지지 않았다. 여신의 아름다움만을

부각시키거나(아프로디테), 자기 자신을 지키기 위해 지나치게 표독스럽거나(아르테미스), 지나치게 질투심이 강하거나(헤라), 여성의 신체를 가졌지만 오히려 남성적 힘과 이성적인 면모가 도드라진(아테나) 여신의 모습을 보고 있으면, 이질감이 느껴졌다.

이런 한계에도 불구하고 신화가 여성인 나에게 굉장한 흥미와 재미를 던져준 것만은 사실이었다. 종교 경전에는 여성에 대한 언급 자체가 많지 않을뿐더러 여성을 혐오의 대상으로 표현하는 경우가 적지 않은 반면, (비록 가부장적 한계 속에서 묘사되고는 있지만) 신화에는 여성, 곧 여신에 대한 이야기들이 많이 등장했기 때문이다. 신화에 대한 전반적인 공부가 매듭지어질 무렵, 신화를 읽으면서 내가 느꼈던 불편한 감정의 이유가 무엇인지, 그리고 여신이 가지고 있던 본래의 의미가 무엇이었는지에 대한 힌트를 얻는 계기를 만났다.

비교신화학자인 조지프 캠벨Joseph Campbell의 《여신들》의 서문을 읽던 중 유럽의 여신 숭배에 대한 연구에 대해서는 마리야 김부타스Marija Gimbutas의 연구에 전적으로 빚졌다는 표현을 보았다. 여성으로서 여신의 본질에 대해 알고 싶었던 나는 김부타스의 《여신의 언어》, 《여신의 문명》과 같은 여신 연구서를 읽고 공부하기 시작했다. 또 레너드 쉴레인Leonard Shlain의 《알파벳과 여신》, 《자연의 선택, 지나 사피엔스》를 읽으면서 마침내 여신이 가지고 있던 본래적 상징성은 무엇이었으며, 왜 갑자기 역사에서 여신들이 사라졌는지 알게 되었다.

이 꼬리에 꼬리를 무는 독서는 여신, 더 나아가 여성의 삶에 대한 통찰을 내게 안겨주었다. 김부타스의 연구는 가부장제가 아직 뿌리내리기 전, 남녀의 삶이 평등했던 구석기 시대부터 신석기 시대를 거쳐 이미 가부장제가 시작된 이후인 기원전 1500여 년까지도 여신('위대한 여신') 숭배가 이어져왔음을 알려주었다. 여신이 가진 상징성과 의미—생명의 근원성, 생명의 창조성, 풍요성, 죽음과 재생—가 무엇인지 알고 나자 나는 여성성에 대해 새롭게 눈을 뜨게 되었다.

오래전부터 구전되어오던 신화가 고대 그리스의 호메로스 Homeros에 의해 처음으로 글자로 정리된 것은 기원전 8세기경이었다. 이때는 이미 인류의 역사에 가부장제가 공고히 자리를 잡은 이후였다. 신화는 가부장제가 인류 역사에 뿌리를 내린 후 쓰인 이야기였기에, 가장 최초의 신화서에서부터 이미 여성에 대한 왜곡이 반영되어 있었고, 그로 인해 여신의 본래적 의미와 상징성이 은폐될 수밖에 없었던 것이다. 마침내 여신이 담당하던 긍정적 역할들은 모두 남신의 역할로 넘어가버렸고, 여성은 남신의 부차적 존재로 전락하며 기존의 신성시되던 여성의 역할은 평가절하되거나 폄훼되어버렸다. 그 사실을 알고 나서 다시 신화를 읽으니 본래는 '위대한 여신'으로 숭배받던 여성의 생명력이 어떤 식으로 왜곡되었는지 행간이 모두 보이기 시작했다. 수많은 여신들이 왜 남신과 같은 지위를 누리지 못하는지도 이해하게 되었다. 이러한 모습은 동서양의 신화가 다르지 않았다.

여성으로서 겪은 억압이
개인의 문제가 아님을 깨닫다

오랜 세월 동안 인류는 '위대한 여신(보통 '대지모신'으로도 칭하지만 그것으로는 여신의 능력을 다 표현하지는 못한다)'을 섬기며 여성의 몸이 가진 생명력을 우주와 자연의 생명력과 일체화시켜 숭배해왔다. 그렇게 숭배받던 여신이 가부장제 문화 아래에서 어떻게 사라졌으며, 여신으로 표현되던 여성들의 생명력이 어떤 억압의 과정을 거쳐왔는지 알게 되자 내 마음속에 자리했던 억압의 기제가 이해되기 시작했다. 오랫동안 역사에서 행해져온 여성에 대한 억압이 내 안에 그대로 자리하고 있다는 것을 깨달았기 때문이다.

원시인류는 여성이 가진 생명의 근원으로서의 여성성을 숭배했다. 그러나 현대에 들어서서 인류는 여성의 몸을 성적으로 대상화하여 은밀한 시선으로 바라본다. 여성들도 몸을 아름답게 가꾸고 싶어 하지만 진정으로 자신의 몸이 가진 생명력은 간과하고 외형을 다듬는 데 더 집중한다. 가부장제 문화의 가치관 아래 살아오며 여성의 본래적 상징성을 알지 못했던 내게 원시인류가 여성 신체의 모든 부분 ― 눈, 입, 가슴, 배, 배꼽, 음부, 자궁 등 ― 을 생명을 잉태

하고 낳아 길러내는 원초적 생명의 근원이자 죽음을 다시 재생으로 이끌어주는 존재로서 숭배했다는 사실은 굉장한 위로를 안겨주었다.

　여신의 본질에 대해 이해하고 나자 나의 내면에 자리하고 있는 문제가 무엇인지도 보이기 시작했다. 내가 느끼고 있던 마음의 억압을 단지 내 개인의 문제라고만 생각했는데, 그 기저에는 인류가 밟아온 여성에 대한 장구한 억압의 역사가 고스란히 자리 잡고 있었다. 어린 시절부터 남동생들과는 달리 행동을 방정하게 하고 몸을 더럽히면 안 된다는 강박적 교육(혼전 순결) 아래 자라며 나는 내 몸을 소중하게 생각하기보다는 터부시해왔다. 남들에게 책잡히지 않기 위해 소위 사회가 요구하는 여성적 기준에 따라 스스로를 억압하며 내 생명을 발현하지 못하고 살았다. 나를 오랫동안 괴롭히던 우울과 권태의 이유가 내 생명력에서 소외된 나의 내면에서 비롯되었음을 알았다. 마침내 여성에 대한 사회적 잣대가 누구의 시각에 의한 것인지 깨닫고 나자 나를 짓누르던 억압의 정체를 알게 되었다. 억압의 정체를 직시하게 되자 나는 내면의 억압에서 벗어나 굉장한 해방감을 누릴 수 있었다.

　여신에 대한 공부를 하면서 나는 여성성이 가진 무한한 생명력과 에너지의 단서를 원시인류의 여신 숭배에서 발견하였다. 그 발견을 통해 나는 여성으로서의 내 몸을 긍정하게 되었고, 있는 그대로의 나를 받아들일 수 있었다. 왜 역사 속에서 여성에 대한 억압이 생겨났는지 알게된 것만으로도 스트레스와 마음의 억압이 해소되었음은 물론이다. 또한 왜 오랫동안 불교 공부를 하고 동서양의 철학을 공부하면서도 여전히 마음의 문제를 풀지 못했는지도 이해하게 되었다. 불교, 유교, 기독교, 이슬람교 모두 가부장제에 근거한 종교로서 여성성에 대해 긍정하기보다는 여성에 대한 억압과 혐오를 바탕에 깔고 있다. 성인들이 아무리 좋은 가르침을 베풀었어도 여성의 존재 자체를 부정하는 전제하에 베풀어지는 가르침을 통해서는 여성인 나의 근원적인 문제의 해결책을 찾을 수 없었다. 나에겐 삶의 깨달음에 대한 성인들의 가르침 이전에 여성이란 존재 자체에 대한 긍정과 이해가 먼저였던 것이다. 나는 여성의 생명력에 대한 긍정의 가르침을 여신 문화를 공부하며 발견할 수 있었고, 마침내 여성으로서 나의 존재를 긍정하게 되었다. 신화를 통해 마침내 여성으로서 나를 이해하고 긍정하게 되면서 나의 몸과 마음과도 화해하게 되었다. 사회가 여성을 바라보는 왜곡된 가치관이 얼마나 공고히 틀 지어져 있으며 얼마나 강력하게 여성을 억압하고 있는지 나는 나 자신을 통해 완전히 이해하게 되었다. 나는 자라나고 있는 한국의 어린 여성들이 자신을 이해하는 데 나처럼 많은 시간을 소모하지 않아도 되길 바란다. 그러려면 우리 사회는 여성이 자신의 생명력을 발휘하며 살 수 있도록 더 바뀌어야 한다.

여성으로서의 내 몸과 마음에 대해 이해가 되고 나서야 비로소 이전에 공부했던 종교 경전의 의미도 이해할 수 있게 되었다. 종교 경전은 우리가 살아가면서 되새겨야 하는 보편적 가르침과 지혜는 전해주지만 여성의 마음속 억압에 대해서는 해답을 주지 못했다. 성인들께서도 남성의 삶을 살았기에 가부장제 아래에서 피지배자로서 여성이 받았던 억압에 대해서는 제대로 모르셨을 것이다. (물론 성인들 중에는 부처나 예수와 같이 여성에 대해 이해가 깊은 분들도 계셨다. 그러나 학자들의 주장에 의하면 스승이 돌아가신 이후 경전을 결집한 제자들이 그들 세력의 권력화를 위해 여성에 대한 부분을 아예 빼버리거나 폄하했다는 것이 일반적인 견해이다.)

공부를 통해 다다른
해방과 자유의 삶

공부가 진척되어나갈수록 나의 공부하는 자세는 조금씩 바뀌어나갔다. 신화 공부를 통해 마음의 억압에 대한 실마리를 얻게 된 이후로, 신화에 감춰진 비밀이 알고 싶어 지식적으로 파고들던 자세도 바뀌었다. 신화는 이야기 자체가 주는 재미도 있지만 신화가 가진 상징성과 은유적 표현 안에 감춰진 진정한 의미를 궁구해나가는 즐거움이 훨씬 더 크다. 또한 시대가 바뀜에 따라 신화가 가지는 상징성과 의미도 계속해서 바뀌어간다. 구석기 시대에 만들어진 신화와 신석기 시대에 만들어진 신화가 다르듯, 각 시대마다 같은 상징과 기호를 이용하더라도 그 의미는 달라진다.

여신 숭배의 신화가 남신 중심의 신화로 바뀌며 상징성이 바뀐 예는 부지기수이다. 여기에서는 대표적인 사례로 '뱀'을 들어 상징성의 변천을 소개해보겠다. 여신 숭배가 지배적이던 구석기와 신석기 시대, 신화 속에 등장하는 뱀은 악의 존재가 아니었다. 뱀이 구불구불 움직이는 모습은 물이 흘러가는 모습과 비슷하다. 뱀의 이러한 특성은 바로 생명의 근원이자 에너지원으로서의 물을 상징했다. 또 뱀은 주기적으로 탈피하며, 겨울을 땅속에서 보내고 봄이 되면 지상으로 올라오는 동물이다. 주기적인 탈피는 생명의 재생과 영생을, 봄이면 지상으로 올라오는 특징은 죽었다 다시 태어나는 생명의 부활을 상징했다. 뱀의 이 모든 특징은 여성적 특징과 연관되어 생명력의 원천과 에너지, 그리고 생명의 재탄생을 도와주는 여성성을 상징했다.

그러나 가부장제 아래에서 남신 중심 문화로 신화의 체계가 바뀌어가며 뱀은 사악한 존재의 은유로 탈바꿈했다. 이브가 선악과를 따먹게 된 것이 뱀의 유혹 때문인 것으로 서술된 성경의 내용처럼 뱀과 여성이 가지고 있던 본래적 상징성은 남성의 부차적 존재이자 악의 상징으로 탈바꿈해버렸다. 이처럼 모권제 사회에서 가부장제 사회로 이행해가던 과정이 신화 안에 고스란히 반영되어 있다. 신화에도 권력의 역사가 반영되기 때문이다.

이처럼 신화를 탐구하다 보면 인류가 밟아온 궤적이 보인다. 광활한 우주 속의 작은 존재로 살아가는 나이지만 내 안에는 인류가 밟아온 궤적이 고스란히 담겨 있다. 내가 겪은 마음의 문제의 원인은 현재를 살아가는 나 개인의 문제가 아니기 때문에 나의 무의식에 깊이 박혀 전달되어온 오랜 인류의 역사 안에서 그 답을 찾아야 했다. 다행히 이 인류의 궤적을 탐구하는 가운데 나는 마침내 내가 가진 내면의 문제의 기원과 해결책을 찾아낼 수 있었다. 나는 내 삶이 왜 자유롭지 못했는지, 왜 항상 답답하고 우울했는지 그 이유를 신화를 통해 알게 되었고 해결책 역시 그 안에서 찾을 수 있었다. 그러자 나는 마침내 자유로워졌다.

여전히 나는 인류와 나 자신에 대해서 더 알고 싶다. 인류가 만들어낸 오래된 이야기, 지금도 무수히 다른 형태로 재창조되고 있는 서사의 원형으로서의 신화는 여전히 살아 움직이고 있다. 이제 나는 나 자신의 신화를 창조해나가려고 한다. 내가 미처 발견하지 못한 신화 속의 상징성과 은유의 세계를 공부하며 겸허한 마음으로 삶의 지혜를 계속 탐구해나갈 것이다. 신화는 오래전 이야기이기는 하지만 그 안에 무궁한 지혜가 숨어 있어 현대인에게도 여전히 마음의 비밀을 찾아가는 길을 안내해주는 훌륭한 지도가 되어줄 것이라고 확신하기 때문이다.

나의 멘토를
소개합니다

　　살아가면서 마음이 흔들릴 때, 또는 어려움 앞에
서 해결책을 찾지 못할 때, 내 삶에 지표가 될 만한 훌륭한 멘토가
있다는 것은 커다란 행운이다. 멘토는 가깝게는 부모님일 수도 있
고, 본받아 배우고 싶은 동시대의 누군가일 수도 있다. 만약 현실
에서 멘토로 삼을 만한 사람을 찾지 못했다고 해도 실망할 필요는
없다. 역사 속 인물 중에서 내가 닮고 싶거나 되고 싶은 사람을 나
의 멘토로 삼을 수도 있기 때문이다. 나는 로댕이 그의 멘토를 본받
아 자신의 예술을 성장시켜나간 이야기와 더불어 나의 멘토에 대한
이야기를 해보려고 한다.

4세기 전의 인물, 미켈란젤로를
자기 삶의 멘토로 삼은 로댕

로댕Auguste Rodin의 멘토는 그가 살았던 시대보다 400여 년 앞서 살다간 거장 미켈란젤로Michelangelo였다. 로댕이 미켈란젤로를 자신의 멘토로 삼은 이유는 무엇이었을까? 미켈란젤로는 예술의 혁신과 새로운 창조를 위해 평생 예술에 대해 질문하고 스스로 답을 찾아갔다. 그는 "당신이 무엇을 하든 언제나 다르게 하라. 네 자신을 반복하기보다는 차라리 실수를 하는 편이 낫다"라고 말하며, 위험을 감수하는 것이야말로 독창성을 창조해내는 가장 효과적인 방법이라고 생각했다.

로댕은 이런 미켈란젤로의 자세를 본받아 그를 자신의 정신적, 예술적 아버지로 삼았다. 미켈란젤로처럼 로댕 역시 살아가는 동안 끊임없이 혹평에 시달렸고 때론 주문자로부터 작품을 거절당하는 수모를 겪었다. 하지만 로댕은 새로운 표현 양식을 찾기 위해 끊임없이 탐색과 혁신의 길로 나아갔다. 두 사람 모두 예술가로서의 야망이 대단했고, 완벽하고자 노력했다. 자신의 예술을 위해 당시의 관행에 맞서 투쟁하거나 저항했던 점도 비슷했다. 미켈란젤로가 말년에 르네상스 양식을 벗어나 매너리즘으로 나아갔듯, 로댕 역시 하나의 사조에 정착하지 않았다. 두 사람이 걸어간 예술의 여정이 흡사해서 그런지 미켈란젤로와 로댕을 비교한 전시회도 열린 적이 있었다.

2014년 캐나다 토론토의 온타리오 미술관에서 열렸던 미켈란
젤로 특별전에서는 두 사람의 영향 관계를 비교한 전시가 열려 흥
미롭게 보았었다. 전시의 메인 주제는 미켈란젤로의 데생 작품들이
었지만, 그의 영향을 받은 19세기의 조각가 로댕의 작품도 같이 전
시해두어 로댕이 미켈란젤로를 얼마나 흠모했으며 그로부터 어떠한
영향을 받았는지 살펴볼 수 있는 기회였다.

로댕의 걸작 중 단 하나를 선택하라면 나는 단연코 〈지옥의
문〉을 꼽을 것이다. 1880년 로댕은 프랑스 정부로부터 새로 지을
장식미술박물관의 정문을 장식할 조각 작업을 의뢰받았다. 이 작
업은 계약상 1885년에 완성작을 인도하기로 되어 있었지만 그해에
이 미술관 건립 계획은 취소되었다. 이후 로댕은 이 작품을 소유하
며 죽을 때까지 작품을 완성하기 위한 노력을 계속했다. 무려 37년
의 세월 동안 로댕은 〈지옥의 문〉의 완성을 위해 심혈을 기울였다.
그러나 아쉽게도 로댕은 이 작품을 완성하지 못한 채 세상을 떠
났다.

〈지옥의 문〉은 13세기 이탈리아 피렌체 출신의 시인 단테가
쓴 《신곡》 중 〈지옥〉 편을 주제로 제작한 작품이다. 로댕은 이 작품
과 더불어 양옆에 〈아담〉과 〈이브〉의 조각상을 세워 장식할 예정이
었다. 〈지옥의 문〉에는 거의 200여 명에 달하는 인물이 등장한다.
그중 가장 유명한 작품은 〈생각하는 사람〉이라 해도 무방할 듯

◆

로댕의 미완성 걸작 〈지옥의 문〉

양옆에 있는 조각상은 〈지옥의 문〉 양쪽에 장식할 예정이었던 〈아담〉과 〈이브〉 조각상
이다. 2014년 11월, 캐나다 토론토의 온타리오 미술관에서 미켈란젤로 특별전이 열렸을
때 필자가 직접 찍은 사진이다.

싶다. 지옥에서 고통받는 사람들을 내려다보고 있는 이 사람을 두고 어떤 이는 시인 단테라고도 하고, 어떤 이는 로댕 자신이라고도 하고, 어떤 이는 신의 명령을 어기고 평생 고통 속에 살아가야 하는 운명에 처한 아담이라고도 한다. 로댕은 바로 이 〈지옥의 문〉에 등장하는 〈생각하는 사람〉, 〈아담〉, 〈이브〉 조각상의 모티프를 미켈란젤로의 작품에서 영감을 받아 제작했다.

훌륭한 멘토는
삶과 영혼을 성숙시킨다

로댕은 1875년 두 달간 이탈리아를 여행했다. 이 여행은 이후 로댕의 예술 인생에 큰 영향을 미쳤다. 이 여행에서 로댕은 미켈란젤로의 〈시스티나 성당 천장화〉와 〈최후의 심판〉이 그려진 로마의 시스티나 성당을 방문했다. 그때 보았던 미켈란젤로의 작품에서 영감을 받은 로댕은 몇 년 후 〈지옥의 문〉을 제작할 때 미켈란젤로의 작품 속 인물들을 자신의 조각 작품 속 중요 인물들의 모티프로 삼았다. 미켈란젤로의 〈시스티나 성당 천장화〉 가운데 부분에 그려진 구약성경의 내용 중 타락한 아담과 이브가 에덴동산에서 쫓겨나는 장면을 보고서는 〈이브〉의 모습을 창조했고, 〈최후의 심판〉의 중간 부분에 턱을 괴고 있는 한 인물의 포즈로부터는 〈생각하는

---◇---

미켈란젤로, 〈시스티나 성당 천장화〉 중 〈에덴동산에서 쫓겨나는 아담과 이브〉(위)
프레스코화, 1508~1512년, 이탈리아 로마 바티칸 궁전 시스티나 성당. 〈시스티나 성당 천장화〉의
가운데 부분에는 아담과 이브가 선악과를 따먹고 에덴동산에서 쫓겨나는 장면이 그려져 있다. 로
댕은 미켈란젤로가 그린 이브의 모습에서 모티프를 얻어 자신의 〈이브〉 조각상을 창작했다.

미켈란젤로의 〈최후의 심판〉과 로댕의 〈지옥의 문〉에 조각된 〈생각하는 사람〉(아래)
로댕은 미켈란젤로의 〈최후의 심판〉 중 오른쪽 하단에 위치한 남성의 포즈에서 영감을 얻어 조각
상 〈생각하는 사람〉을 창작했다. 〈지옥의 문〉에 등장하는 〈생각하는 사람〉의 작품 크기는 높이
가 약 50센티미터 정도밖에 되지 않지만, 작품의 인기에 힘입어 다양한 크기와 재료로 수없이 많
이 제작되었다.

사람〉의 모습을 창조해냈다.

심혈을 기울여 만든 그의 작품은 아쉽게도 공개하자마자 세간의 혹평을 받았다. 로댕이 살던 19세기와 20세기 초에는 조각은 장식품이라는 인식이 팽배했다. 〈생각하는 사람〉은 지나친 근육질 묘사로 인해 "거대한 야생 고릴라 같다"라는 평을 들었다. 사람들의 심미안은 시대에 따라 바뀐다. 고대 그리스의 문화가 부활했던 르네상스 시대, 미켈란젤로는 1506년 로마에서 발굴된 라오콘 군상을 보게 된다. 미켈란젤로는 헬레니즘 시기의 고대 그리스의 조각 작품을 공부하며 인체의 근육을 강조하여 표현했다. 미켈란젤로의 작품 속 묘사법을 관찰한 로댕도 미켈란젤로의 인체 묘사에서처럼 근육을 강조하였다. 그러나 20세기에 들어서며 예술에도 변화가 일어나고 사람들의 심미안도 바뀌어가자 로댕의 〈생각하는 사람〉은 이제 그의 가장 유명한 대표작 중의 하나가 되었다.

로댕이 활동하던 시절에는 사실주의, 인상주의, 모더니즘 등 다양한 예술사조들이 꽃피웠지만 로댕은 하나의 사조에 정착하지 않았다. 조각가로 명성을 얻기 전, 로댕은 국립 세브르 도자기 회사에서 디자이너로 일했다. 그 시절의 로댕은 18세기의 미술 양식을 응용한 디자인으로 회사가 폭발적인 판매고를 올리는 데 일조했다. 이 일은 그의 인생에 전환점이 되었다. 조각가로서도 작품 수주를 받게 되면서 서서히 세상에 자신의 이름을 알릴 기회가 주어졌기 때문이다. 또한 미켈란젤로를 멘토로 삼아 고대와 르네상스 예술 양식을 흡수한 로댕은 〈지옥의 문〉 속의 〈생각하는 사람〉, 〈아담〉, 〈이브〉와 같은 작품을 완성해내었다. 프랑스의 문인 발자크를 기리기 위해 프랑스 문인협회에서 제작을 의뢰한 발자크 동상과 같은 작품을 통해서는 당시로서는 낯선 모더니즘 양식을 실험하였는데 프랑스 문인협회의 극렬한 반대에 부딪쳐 작품을 거부당하는 바람에 결국 완성한 작품을 자신이 소유해야 하는 처지가 되기도 했다. 그러나 그 또한 오늘날에는 로댕의 유명 작품으로 명성을 누리고 있다.

로댕은 이와 같이 정체하지 않고 끊임없이 발전해나갔다. 무엇을 하든 다르게 시도하고, 반복하기보다는 차라리 실수를 하는 편이 낫다는 미켈란젤로의 가르침대로 그는 끊임없이 새로운 도전을 해나갔다. 미켈란젤로가 살아생전 작품을 의뢰한 사람들과 끊임없이 갈등을 겪으면서도 자신의 예술을 혁신하기 위해 노력해나갔던 것처럼 로댕 역시 의뢰인들의 요구사항과 자신이 도달하고자 하는 예술적 성취 사이에서 작품이 거절당하는 고통을 겪으면서도 자기의 예술에 대한 의지를 관철해나갔다. 그것이 가능했던 이유는 수백 년 전의 인물이기는 하지만 역사 속에서 자신의 멘토를 찾고, 그 멘토의 삶을 토대로 자신이 추구해야 할 뚜렷한 예술의 방향성을 세웠기 때문은 아니었을까? 미켈란젤로라는 거인의 어깨 위에 올라선 로댕은 세상을 더 멀리, 더 넓게 볼 수 있었다. 거기에 더해 자신에 대한 확신이 있었기에 로댕은 지금까지 걸출한 조각가로 미술사에 이름을 남길 수 있었을 것이다. 훌륭한 멘토가 있다는 사실은 나의 삶과 영혼을 성숙시켜 나가는 데 중요한 길잡이가 되어줌을 이 두 예술가의 삶을 통해 다시 한 번 되새기게 된다.

'미술사'라는 새로운 세상을 열어준
나의 첫 번째 멘토, E. H. 곰브리치

나는 마흔이 넘어서 진짜 내가 하고 싶은 공부를 찾았다. 중년의 나이에 공부를 시작했지만 학창 시절보다 더 열심히 공부를 했다. 내 안에서 솟아오른 질문에 대한 답을 찾기 위한 절실함으로 공부에 임했기에 몰입할 수 있었다. 공부하는 즐거움에 깊이 취해 갈 무렵, 나는 로댕이 미켈란젤로를 멘토로 삼았듯, 내 평생 공부의 멘토로 삼고 싶은 인물들을 여러 명 만났다. 그중에서도 두 명의 멘토에 대해 말해보려고 한다.

첫 번째 멘토는 《서양미술사》의 저자로 유명한 미술사학자 E. H. 곰브리치이다. 앞에서도 기술했지만 나는 그가 쓴 《서양미술사》를 통해 미술사가 어떤 학문인지 처음 알게 되었다. 이 책을 처음 추천받아 읽던 날, '글자가 머릿속으로 뛰어 들어오는 것 같다'라는 표현이 무엇을 가리키는 말인지 몸으로 체험했다. 눈에서 빛이 나고 있다는 생각이 들 정도로 정신이 생생하게 살아 있는 느낌이었다. 엄청난 갈증 앞에 오아시스가 펼쳐진 느낌이었다.

《서양미술사》와 관련한 나만의 재미있는 에피소드가 하나 있다. 3일 동안 엄청나게 몰입해 책을 모두 읽은 다음, 나에게 이 책을 추천해주신 선생님께 《서양미술사》와 관련하여 몇 가지 질문을 하였다. 처음의 두어 가지 질문에 대해서 대답을 해주시던 선생님은 사실 자신은 그 책을 읽지 않았노라고 고백하셨다. 당시에는 조금 실망스럽기도 하고 당황스럽기도 하였다. 그러나 지금에 와서 되돌아보면, 선생님으로부터 질문에 대한 답을 단번에 얻지 못했기 때문에 나는 궁금증에 대한 해답을 찾아 스스로 공부해나가는 힘을 기를 수 있었던 것 같다.

《서양미술사》는 선사 시대 동굴벽화부터 오늘날의 현대미술에 이르기까지 방대한 분량의 미술사를 다루고 있는 700쪽에 육박하는 책이다. 나는 지금까지 이 책을 열 번 정도 읽었다. 매년 한 번씩은 되풀이해 읽은 셈이다. 나중에는 한글 번역서에서 이해가 잘 안되는 모호한 부분이나 의심스러운 부분을 원서로 확인하고 싶어 영문판도 사서 읽었다.

다시 읽을 때마다 그동안 그어놓은 다양한 색깔의 밑줄을 보고 있노라면 시기별로 나의 시선이 어느 부분에 머물렀는지 당시의 내 생각을 살펴볼 수 있어 재미있다. 내가 곰브리치를 좋아하는 이유는 그의 문장 속에 스민 우아함과 온화함 때문이었다. 책을 읽다 보면 문장 한 줄 한 줄에서 저자의 인성이 느껴질 때가 있다. 대단히 논리적이고 지적이지만 지나치게 까칠함이 느껴지는 이론가가 있는가 하면, 같은 사안을 다룬 글임에도 지적 능력뿐만 아니라 글을 쓴 저자의 넉넉한 품성이 느껴질 때가 있다. 동굴벽화라는 동일한 주제를 두고 연구를 하면서도 벽화 자체에 대해서만 논하는 학자가 있는가 하면, 벽화를 그린 그 시대의 인류가 벽화를 통해 무엇을 추구했는지를 같은 인간의 시선으로 바라보며 연구하는 학자가 있다. 대상에 대한 연구에 매몰되지 않고 대상을 보면서 나의 감정을 이입시키고 자신의 심성을 고양시켜나간 학자들의 글에서는 온화함과 우아함의 기품이 느껴진다. 그런 글들을 읽을 때면 나는 공부가 곧 인격 수양의 방편이 될 수 있음을 새삼 느낀다.

한글로 번역된 책이긴 하지만 곰브리치의 책을 여러 번 읽다 보니 문장에서 그의 인성이 느껴졌다. 영어 원문으로 읽었을 때에도 마찬가지 인상을 받았다. 그의 인성이야말로 그가 공부를 통해 도달한 그의 진정한 가치란 생각이 들었다. 단순히 학문의 깊이만으로 한 분야에 정통해졌는지 여부를 판단할 수 있는 것은 아니다. 지식을 응용하여 나의 삶에 자유롭게 적용하며 지혜로운 자가 되는 것이야말로 공부를 하는 진정한 목적이 아닐까? 자신이 하는 공부를 통해 나의 에고Ego를 넘어서 인류 보편의 심성을 이해하고 세상을 보는 시각이 넓어질 때야말로 자기 자신의 자아와 이기에서도 해방되어 삶의 변혁을 가져올 것이기 때문이다. 나는 곰브리치에게서 그런 경지를 보았고, 나 또한 미술사 공부를 통해 마음의 자유로 나아가고 싶었다. 사람이 가장 도달하고 싶어 하는 생의 경지는 바로 자유가 아니겠는가? 나의 무지에서 벗어나 세상을 자유롭게 살아가는 것. 어떤 주의나 시류에 얽매이지 않고 나의 주관대로 살아가는 것. 그것이 공부를 하는 진짜 이유가 아닐까? 곰브리치의 학문적 자세와 글을 통해 나는 그 가능성을 보았다. 그런 점에서 그는 내가 본받고 싶은 나의 멘토이다.

여성의 시선으로 신화를 읽게 해준
두 번째 멘토, 조지프 캠벨

나의 두 번째 멘토는 신화란 무엇이며 신화에서 무엇을 배울 수 있는지를 알려준 조지프 캠벨이다. 신화는 미술사를 이해하기 위해 반드시 공부해야 하는 분야이다. 신화가 내포한 삶에 대한 상징과 은유가 예술 작품 속에 무수히 펼쳐지기 때문이다. 그리스 신화를 공부하기 전, 나는 신화 앞에서 망연자실했다. 어떻게 공부를 해야 할지 몰랐기 때문이다. 고민 끝에 무작정 도서관에 가서 다섯 권짜리 시리즈로 나온 《이윤기의 그리스 로마 신화》와 《벌핀치의 그리스 로마 신화》를 빌려 읽기 시작했다. 처음에는 신화란 사람들이 지어낸 재미있는 이야기라고만 생각했다. 그러나 신화에 관한 다양한 책을 읽어갈수록 그 안에는 인류가 세상을 살아오면서 성찰한 삶의 지혜가 보석처럼 알알이 박혀 있음을 알게 되었다. 기초적인 신화 책을 읽고 난 이후에는 본격적으로 신화 연구서를 읽기 시작했다.

조지프 캠벨은 그 과정에서 만난 미국의 비교신화학자였다. 캠벨의 책은 국내에도 꽤 많이 번역되어 있다. 그의 책《천의 얼굴을 가진 영웅》을 읽고 나는 충격을 받았다. 그의 책은 하나의 종교서와 같았기 때문이다. 20대와 30대 시절 내내 불교 경전과 불교 관련 도서를 읽으며 '마음이란 무엇인가'에 관해 공부해온 내용이 말하는 방식만 다를 뿐 고스란히 그의 책에 담겨 있었다. 신화神話라는 단어는 문자 그대로만 풀이하면 '신에 대한 이야기'를 의미하지만 신화를 제대로 알고 나자 신화는 단순히 '신에 대한 이야기'가 아니었다. 신화는 원시인류와 고대인들이 믿던 종교이자, 인간 내면에 대한 성찰을 담고 있는 이야기였다. 그의 책에 반해 나는 한국에 번역·출간된 그의 책을 전부 읽었다. 그리고 그 과정에서 나는 캠벨의 인격을 보았다. 부처는 감히 내가 도달할 수 있는 경지가 아닌 분이란 생각이 들어서 멀찍이서 바라보기만 한 존재였다면, 캠벨은 평생에 걸친 신화 연구와 공부를 통해 자연스레 부처의 가르침을 터득하고 있는 인물로 보였다. 캠벨의 삶은 신화 연구를 통해 자기 내면의 성찰과 성장으로 나아가는 과정이었다. 그는 자신의 저서에서 신화가 내포하고 있는 의미란 "네가 곧 그이다"라고 말하며 부처가 말씀하신 '모든 사람의 마음에는 이미 불성이 갖춰져 있다'라는 가르침을 똑같이 이야기하고 있었다. 부처의 가르침은 너무 압도적으로 다가와서 나는 두려움을 느꼈었다. 그러나 캠벨은 나와 멀지 않은 현대를 살아간 학자로서 학문을 통해 일정 수준의 깨달음에 도달할 수 있음을 보여준 본보기였다. 자기가 몸담고 있는 분야의 일을 열심히 해나가며 인격의 완성으로 나아간 그의 모습은 나도 그처럼 할 수 있다는 큰 용기를 주었다.

조지프 캠벨의 저작을 읽어보면 곰브리치처럼 그의 성품이 그대로 묻어난다. 사람에 대한 캠벨의 시각은 편협하지 않다. 학자들의 책을 읽다 보면 그들이 기초하고 있는 가설부터가 이미 한쪽으로 치우쳐져 있음을 흔히 발견하곤 한다. 신화 연구로 한정하여 이야기한다면, 대부분의 신화서는 이미 가부장제라는 시각을 토대로 하고 있기 때문에 두 성별이 엄연히 존재하는 세상을 공평하게 바라보지 못하고 있다. 신화를 연구하는 학자들이 대부분 남성이었기 때문에 공평한 시선을 가지고 있지 않다는 것조차 모르는 학자가 많았다. 그러니 새로운 유물이 발굴되어도 유물을 사용하던 인류에 대한 해석이 왜곡되어버리기 십상이다.

반면에 캠벨의 신화 연구서를 읽어 보면 상당히 열려 있다는 느낌을 받는다. 오랫동안의 신화 공부를 통해 그의 시각과 인격도 함께 성장을 이어나갔던 것 같다. 그의 동료들과 그를 지켜본 인도의 구루들은 캠벨이 거의 깨달음의 경지에 도달했다는 증언들을 하고 있다. 인류의 지혜가 가득한 신화를 평생 연구하면서 어찌 인성이 피폐해질 수 있겠는가?

그는 1934부터 1972년까지 38년간 사라 로렌스 대학교에서 강의를 했다. 1968년 이 대학은 남녀공학으로 바뀌었지만 그가 가르치던 대부분의 시간 동안 사라 로렌스 대학은 여대였다. 조지프 캠벨은 여대에서 학생들을 가르치며 여성들의 능력을 충분히 경험했고, 여성들이 어떻게 신화를 받아들여야 하는지에 대해서도 고민하지 않을 수 없었다. 캠벨은 인류 초창기 세상의 창조자로서, 또 생명의 근원으로서의 여신을 연구했고, 가부장제 아래에서 여성의 능력이 어떻게 폄하당하며 변질을 겪었는지에 대해서도 알고 있었다. 그러한 학문적 배경 때문인지 그의 글에서는 여성에 대한 따뜻한 시선이 느껴진다.

나는 1980년대에 여대를 다녔다. 한국의 가부장제 문화 아래에서 교육을 받았지만 여대를 다니며 여성에 대한 독립적 시각을 키울 수 있었기 때문에 아이러니하게도 무엇이 여성에 대한 억압이고 차별인지 구체적으로 인지하지 못했다. 오히려 학교를 졸업하고 사회생활을 하면서부터 나는 한국 사회의 극단적인 가부장적 문화를 경험했다. 신화에 대해 공부하면서 나는 내가 그동안 살아오며 겪은 여러 심리적 문제의 근원이 우리의 가부장적 문화와 관련이 있다는 사실을 알게 되었다. 가정이나 회사에서의 여성에 대한 불평등한 대우, 여성을 바라보는 사회의 굴절된 시선에 대해 제대로 알게 되자 자연스럽게 내 문제의 근원도 보였다. 시도 때도 없이 찾아왔던 나의 우울감과 심리적 침체는 내면에 굳건히 자리한 다양한 문화적 억압들이 돌파구를 찾지 못하고 일어나는 마음의 현상이라는 사실을 알게 되었다. 억압의 근원을 알게 되고 내 마음이 이해가 되자 억압에서 점차 자유로워질 수 있었다. 조지프 캠벨은 나를 미망에서 깨어나게 한 스승이자 내 마음의 문제를 어떻게 해결해나가야 할지 길을 열어 보여준 구루였다. 조지프 캠벨을 나의 영원한 멘토로 삼고 있는 이유이다.

내게는 이 두 사람 말고도 본받고 싶은 스승들이 많다. 한 분야에서 일가를 이룬 사람들뿐만 아니라 자신의 분야에서 열과 성을 다하여 살고 있는 평범한 사람들로부터도 나는 삶의 자세를 배운다. 멘토들의 삶을 본보기로 삼아 나의 하루를 충실히 살아내고, 일상 속에서 새로움과 성장을 경험하는 것. 그리하여 나의 삶을 창조적으로 직조해나가는 내 삶의 예술가가 되는 것. 그것이 앞으로 남은 삶 동안, 공부를 통해 내가 도달하고 싶은 경지이다. 로댕이 미켈란젤로를 멘토 삼아 성장하는 삶을 살았던 것처럼 나 역시 나의 멘토들을 길라잡이 삼아 성장하는 삶으로 나아가려고 한다.

2장

/

미술

우리의 감정을 건드리는
감각의 언어들

미술 작품을 가만히 들여다보고 있으면
시대와 공간을 뛰어넘어
작품에 담긴 배경과 인물에게
깊이 감응하는 순간이 찾아온다.
혹은 그 작품을 그린 화가의 상황과
그 상황 속에서 화가가 느꼈을 감정을
조용히 마음속으로 헤아려보곤 한다.

그 순간 내 마음속에는
어린 시절의 추억 한 자락이나
먹고사는 일의 숭고함과 피로함이 떠오른다.
나 자신에 대한 철학적 사색에 잠기기도 한다.

미술 작품들은 그것 자체로
하나의 아름다운 예술 작품인 동시에
우리 내면에 잠재되어 있던 감정과 생각을
수면 위로 끌어올려주는 매개체가 되기도 한다.

미술 작품을 가만히 응시할 때,
우리는 비로소 그 안에 숨겨진 작은 디테일과
겉으로 드러나지 않은 역사적 맥락까지 파악하게 된다.

미술은 아름다운 것을 볼 줄 아는 안목은 물론이요,
지혜롭게 생을 살아가는 방법에 대해 알려준
내 삶의 스승이자, 다정한 친구였다.

당신의 어린 시절은
안녕한가요?

미술관에서 작품을 관람하다 보면 유독 눈길을 끌고 발길을 멈추게 하는 작품이 있다. 오래된 추억을 떠올리게 하거나 나의 인생을 되돌아보게 만드는 작품을 만날 때면, 나는 그 작품 앞에 멈춰 서서 오래전 그 작품을 그렸을 작가와 마음의 대화를 시작한다. 그림을 보면서 나는 이런 질문을 던진다. '이 그림을 그리던 그때 당신의 마음은 어떠했나요?', '갑자기 왜 이 그림을 그리고 싶어졌나요?'

질문은 곧 답이 되어 나에게 돌아온다. '당신의 그림을 보니 이 그림을 그리던 무렵, 당신은 고향을 그리워했던 것 같네요. 부모님과 함께 살며, 동물들도 식구처럼 복작이던 고향에서의 삶은 당신 생애의 가장 행복한 순간이었던가 보군요. 당신의 그림을 보니 나도 나만의 추억이 떠올라요. 당신의 그리움 속에서 나의 그리움도 보았어요.' 작가와 나눈 무언의 대화가 끝나고 충분히 교감이 이루어졌음을 느끼고 나면, 나는 달라진 눈빛과 충만한 마음으로 다음 작품으로 발길을 옮긴다.

샤갈의 그림 한 점이 불러일으킨
어린 시절의 추억

본격적으로 미술 공부를 시작하고 난 뒤로, 좋아하는 작가의 전시회가 열리면 전시회를 놓치지 않고 관람하려고 애썼다. 때로는 도슨트로 참여하며 보다 더 가까이에서 작가의 작품과 호흡하는 기회를 만들기도 했다. 2011년 초 서울시립미술관에서 열린 마르크 샤갈 Marc Chagall 특별전은 오랫동안 기억에 남을 전시회였다. '색채의 마술사'라고도 불리는 샤갈의 작품들을 보는 동안 오랫동안 잊고 지냈던 나의 어린 시절이 떠올랐기 때문이다. 샤갈의 작품을 보는 동안 그의 그림들이 그 시절로부터 수십 년을 지나온 나에게, '네 어린 시절의 그 꼬마는 안녕하니?', '삶의 고비에서 좌절하거나 꺾이지 않고 씩씩하게 잘 살아왔니?' 하며 말을 걸어오는 것 같았다.

〈도시 위에서〉라는 작품을 볼 때였다. 그림 속에 아주 작게 묘사된 한 아이의 모습이 유독 눈에 들어왔다. 이 그림은 샤갈이 러

마르크 샤갈, 〈도시 위에서〉

캔버스에 오일, 1914~1918년, 러시아 모스크바 국립 트레티야코프 갤러리.

시아 시기에 그린 작품인데, 하늘을 유영하는 듯한 두 연인(샤갈과 그의 부인 벨라)의 모습이 몽환적으로 그려진 것으로 유명하다. 그런데 그날은 신기하게도 두 연인의 모습보다 유태인 거주지역인 게토를 둘러싼 나무 담장 앞에 쪼그리고 앉아 엉덩이를 드러내놓고 있는 아이가 내 시선을 끌었다. 전시된 작품들을 천천히 관람하던 중 〈도시 위에서〉 보았던 그 아이가 다른 작품 속에도 등장하고 있음을 발견했다. 샤갈이 〈유대인 예술극장 장식화〉로 그린 일곱 작품 중 하나인 〈음악〉 편에도 〈도시 위에서〉와 같은 모습을 한 아이가 보였던 것이다. 도대체 이 아이들은 무엇을 하고 있는 것일까?

당시 나는 이 전시회에 도슨트로 참여하느라, 다양한 자료를 통해 샤갈에 대하여 공부하고 있었다. 그때 읽었던 샤갈에 관한 자료들 중 재키 울슐라거가 쓴 샤갈 평전인 《샤갈》(최준영 옮김, 민음사, 2010)에서 "우린 밤에 마당에다 일을 보곤 했다. 달빛 속에서, 어른들도 멀리 가는 게 겁날 때 어린이들의 두 다리가 움직이려고도 하지 않는 건 자연스러운 일이다"라는 문장을 보게 되었다. 이 문장을 통해 나는 샤갈의 그림 속에 등장하는 아이의 모습에 관한 힌트를 얻게 되었다.

샤갈이 그린 환상적인 그림을 보고 사람들은 그를 초현실주의의 시창자로 거론하기도 한다. 그러나 그는 생전에 자신의 작품은 꿈을 그린 것이 아니라 실제 추억을 그린 것이라고 주장하며 자신을 초현실주의라는 사조로 규정짓는 세간의 평가를 경계했다. 자신

마르크 샤갈, 〈초록색의 바이올리니스트〉

캔버스에 오일, 1923~1924년, 미국 뉴욕 솔로몬 구겐하임
미술관. 이 작품은 〈유대인 예술극장 장식화〉로 그려진 〈음
악〉의 두 번째 버전으로 첫 번째 버전과 이 작품의 내용은
디테일에서 약간의 차이가 있을 뿐 거의 동일하다.

의 주장처럼 샤갈은 어린 시절 고향에서의 경험과 추억을 그의 그림 속에 마치 숨은 그림 찾기처럼 보일 듯 말듯 작은 크기로 묘사해놓았다. 그림을 유심히 보지 않으면 놓치고 넘어갈 장면들이다. 작가가 그려놓은 작지만 의미 있는 장면을 그림 속에서 발견한 사람들은 입가에 슬며시 미소를 머금고 다음 작품으로 넘어가지 않았을까?

이주의 연속이었던
샤갈의 일생

마르크 샤갈은 1887년 러시아의 비텝스크(지금의 벨라루스공화국)에서 유대인 가정의 9남매 중 장남으로 태어났다. 가난한 가정에서 자랐지만 샤갈은 자신이 좋아하는 그림을 그리며 비교적 행복한 어린 시절을 보냈다. 스무 살이 되던 1907년, 러시아의 상트페테르부르크로 가서 화가가 되기 위한 본격적인 공부를 시작했고, 1910년에는 후원자의 도움으로 파리로 가서 미술 공부를 할 수 있었다. 파리에서 샤갈은 모딜리아니, 수틴, 레제와 같은 화가들, 시인이자 미술평론가였던 기욤 아폴리네르 등과 교류하며 야수주의, 입체주의, 오르피즘 등의 영향을 받아 환상적이고 공상적인 자신만의 독창적 예술 세계를 만들어나갔다. 그 뒤 1915년, 고향 비텝스크로 돌아와 벨라 로젠펠트와 결혼했다. 벨라는 해박한 지식과 교양을 갖춘 여성으로 샤갈과 30여 년이 넘는 결혼 생활을 이어가는 동안, 샤갈의 예술 세계에 많은 영감을 준 뮤즈였다. 샤갈은 벨라를 종종 자신의 그림 속 주인공으로 삼았다.

샤갈의 삶은 역사의 격동 속에서 전환을 맞이한다. 벨라와 행복한 결혼 생활을 이어가던 중 1917년, 러시아혁명이 발발한다. 샤갈은 곧 비텝스크 지역의 미술인민위원으로 임명됐고, 비텝스크에 새로 설립한 미술학교의 교장이 되었다. 그러나 내부의 알력으로 자신의 의지대로 학교를 운영할 수 없게 되자 실망한 샤갈은 1920년 모스크바로 떠나 무대장치와 무대의상 디자인 작업으로 생계를 이어간다. 모스크바 국립 유대인 예술극장의 벽화 장식을 의뢰받아 제작한 것도 이 시기였다. 그때 그린 작품들은 2011년 서울시립미술관에서 샤갈 특별전을 할 때 전시되기도 했다.

샤갈은 리얼리즘 양식의 예술을 요구하는 러시아 사회주의 체제와 갈등을 겪으며 1922년 영구히 러시아를 떠나고 만다. 그 뒤 독일 베를린에 정착했지만 다시 파리로 옮겨가 힘든 시기를 보내야 했다. 샤갈이 국제적인 명성을 얻게 된 것은 1926년 뉴욕에서 첫 번째 전시회를 연 이후부터였다. 그러나 1939년 2차 세계대전이 발발하자 유대인이던 샤갈의 가족들은 미국으로 거주지를 또 옮겨야 했다.

그의 삶에 여러 차례 고비들이 있었지만 샤갈의 인생에서 가

장 큰 고비이자 상실은 아내 벨라의 죽음과 함께 찾아왔다. 1944
년 벨라가 세상을 떠나자 샤갈은 예술 활동을 그만둘 만큼 커다란
시름에 빠지고 말았다. 벨라 사후 샤갈은 뉴욕현대미술관에서 자
신의 40여 년에 걸친 화가로서의 삶을 회고하는 작품전을 열지만,
1948년 다시 프랑스로 돌아가 생을 마감할 때까지 그곳에 머물
렀다. 그의 삶은 피로하고 힘겨운 이주의 연속이었다.

샤갈이 작품 활동에 새로운 활력을 얻은 것은 1952년 발렌티
나 브로드스키를 만나 재혼하면서부터였다. 샤갈은 성경 삽화 작
업, 발레 〈다프네와 클로에〉의 무대장치와 무대의상 디자인, 여러
지역의 유대교 회당과 성당의 스테인드글라스 작업, 모자이크 벽화
등 다양한 창작 활동을 왕성하게 이어나갔다. 그리고 1985년 97세
의 나이로 영면에 들었다.

어린 시절의 기억이 담긴 샤갈의 그림,
그로부터 위로받는 현대인들

샤갈을 생각할 때면 영화 〈지붕 위의 바이올린〉이 자연스레 떠
오른다. 샤갈의 작품과 〈지붕 위의 바이올린〉 속 배경이나 삶의 양
식이 대단히 흡사하기 때문이다. 영화 〈지붕 위의 바이올린〉을 보
면 샤갈이 살았던 시대의 러시아 유대인의 전통과 삶의 모습이 잘

묘사되어 있다. 1층에는 동물이 살고 2층에는 사람이 사는 주택 구조, 동물과 섞여 살아가는 일상의 삶, 유대인의 전통이 반영된 결혼식과 장례식 의례, 피들러(바이올린의 일종)가 곁들여지는 동네잔치 등 샤갈의 그림에 등장하는 러시아 유대인의 삶의 양식이 영화 속에도 그대로 묘사되어 있다. 샤갈의 그림 속에 등장하는 장면들을 이해하고 싶다면 〈지붕 위의 바이올린〉을 감상하며 당시 러시아 유대인의 삶을 살펴보아도 좋을 것이다.

〈지붕 위의 바이올린〉은 영화로 만들어지기에 앞서 뮤지컬이 먼저 제작되었다. 1964년 미국 뉴욕의 브로드웨이에서 공연된 뮤지컬 〈지붕 위의 바이올린〉은 러시아 출신 유대인 작가이자 극작가인 숄렘 알레이헴Sholem Aleichem이 쓴 연작 단편 이야기인 《테비예와 딸들》을 바탕으로 제작되었다. 이 작품은 알레이헴이 1894~1914년 사이, 즉 19세기에서 20세기로 전환되던 시기, 제정 러시아의 서쪽 지역(샤갈의 고향 비텝스크도 이 지역에 있었다)에서 살아가던 유대인들의 삶을 배경으로 집필한 작품이었다. 이 뮤지컬을 제작했던 브로드웨이의 제작자가 뮤지컬의 제목을 정하고, 무대 디자인을 할 때 샤갈의 〈피들러 연주자〉, 〈초록색의 바이올리니스트〉, 〈죽음〉으로부터 영감을 받아서 작업을 했다고 한다. 뮤지컬의 성공으로 샤갈도 미국에서 큰 명성을 얻게 되었다.

많은 사람들이 샤갈의 그림에서 기쁨과 황홀감을 읽어낸다고 하는데, 나는 그의 그림을 볼 때면 왠지 마음이 애잔해진다. 하늘

마르크 샤갈, 〈피들러 연주자〉
캔버스에 오일, 1913년, 네덜란드 암스테르담 시립 미술관.

미술 : 우리의 감정을 건드리는 감각의 언어들

을 날고 있는 사람이라든지, 사랑스러운 연인의 모습, 서커스 장면 등 샤갈은 기쁨과 아름다움, 환상의 이미지를 많이 그렸지만 그림 한 켠에 그려넣은 그의 옛 추억이 담긴 장면들에서는 왠지 모르게 그의 녹록치 않았을 삶의 역경과 슬픔이 보인다. 유대인으로 살아 가며 여러 번에 걸쳐 삶의 터전을 옮겨가는 동안 그가 느꼈을 감정 들이 그의 그림 속에 고스란히 담겨 있다.

세월이 흐르고 나면 과거에 겪은 고통들은 희석되어 아름다운 추억으로 기억된다. 샤갈의 그림에서도 고통은 쏙 빠져나가고 고향 에서의 추억이 아름답게 윤색되어 행복한 모습으로 변신했다. 나무 담장 아래에서 쪼그리고 용변을 보던 그 아이는 역사의 격동을 헤 쳐 나가며 세계적인 화가로 성장했고, 그의 그림을 보는 많은 사람 들은 마음의 위안과 추억을 한가득 선물받는다.

샤갈의 그림 속에 보일 듯 말 듯 작게 그려진 아이를 보며 어린 시절을 떠올렸던 나에게 다시 질문을 던진다. '네 기억 속의 그 꼬 마는 여전히 안녕하니?', '삶의 고비마다 너는 좌절하지 않고 잘 살 아왔니?' 어린 시절의 추억은 때때로 마음속에서 향을 피어 올리며 잔잔한 미소를 짓게 한다. 살아오는 동안 삶이 어찌 평탄하기만 했 을까? 그러나 어린 시절의 영롱한 추억들이 인생 굽이굽이에서 살 아갈 힘을 주었다. 그 시절의 어린아이는 인생의 고비를 잘 넘어 과 거를 되돌아보며 미소 지을 줄 아는 어른이 되었다.

욕망이 차오를 때면
하늘을 본다

　　젊은 시절에는 삶에 대한 명확한 목표와 비전이 있어야 한다고 생각했다. 사회적으로 성공해야 한다는 강박도 있었다. 그러나 사회생활을 하며 소위 성공한 사람들의 이율배반적인 행태와 행복하지 못한 모습들을 목격하며 자연스레 삶의 가치관이 바뀌어갔다. 세상을 향한 욕심들도 자연스럽게 내려놓아졌다. 욕심에서 놓여나자 점차 마음이 편안해졌고 자유로움을 느꼈다. 그러자 내 주변의 사람들이 보이고 나를 둘러싼 자연이 눈에 들어오기 시작했다. 아이들의 까르륵거리는 웃음소리가 얼마나 지극한 행복감을 주는지, 일상을 열심히 살아가는 평범한 사람들의 삶이 얼마나 값어치 있는지, 계절의 변화가 보여주는 자연의 풍성함이 얼마나 아름다운지 차츰차츰 보이기 시작했다.

내가 살고 있는 미국 오하이오주의 애크론(북위 41.4도)은 한국의 서울(북위 37.5도)보다 위도가 높아서 한국보다 겨울이 조금 일찍 오고, 봄이 조금 늦게 온다. 평균기온과 사계절의 변화는 한국과 비슷하지만 북쪽으로 이리호와 온타리오호가 가까이에 있어서 한국보다 겨울에 비나 눈이 오는 흐린 날이 많고 바람이 거세게 분다는 차이점이 있다. 그러나 대체로는 궂은 날보다 쾌청하고 맑은 날이 많아서 창밖을 내다보거나 집 근처를 산책하다 보면 "가을 하늘 공활한데 높고 구름 없이" 하며 애국가의 3절 첫 구절이 절로 입 밖으로 읊조려지곤 한다. 파란 하늘에 흰 구름이 걸린 날은 한국의 한여름 하늘에서 보던 하얀 뭉게구름이 떠오르기도 하고, 손끝으로 퉁기면 쟁하고 깨지면서 파란 물이 주르륵 흘러내릴 듯이 하늘이 푸르른 날에는 한국의 가을 하늘이 떠오르며 마음까지 말갛게 씻기는 기분이 든다. 그런 날에는 저절로 조지아 오키프 Georgia O'Keeffe가 그린 하늘 그림들이 떠오른다.

조지아 오키프의 일생

조지아 오키프는 미국의 화가로 꽃을 확대해서 그린 그림으로 유명하다. 뉴욕의 마천루, 뉴멕시코주의 풍광과 동물의 뼈를 그린 그림도 조지아 오키프의 대표작들이다. 조지아 오키프의 삶을 이야기할 때, 당대의 유명한 사진작가이자 아트 딜러였던 알프레드 스티글리츠Alfred Stieglitz를 빼놓을 수 없다. 조지아 오키프는 1917년 스티글리츠가 운영하는 뉴욕의 291갤러리에서 전시회를 열게 되는데, 이를 계기로 두 사람은 급속도로 가까워졌고, 1924년 결혼하여 1929년까지 뉴욕에서 함께 살았다.

두 사람의 결혼 생활은 순탄하지 않았다. 1928년 무렵부터 시작된 스티글리츠의 외도로 오키프는 굉장한 상실감에 빠진다. 그의 외도가 지속되면서 오키프는 신경쇠약으로 정신병원에서 치료를 받아야 할 정도였고, 1930년대 중반까지는 그림 작업을 그만둘 만큼 힘들어 했다. 그랬던 그녀에게 미국 남서부, 특히 뉴멕시코주의 풍광은 치유의 큰 원동력이 되어주었다. 젊은 시절 텍사스주에서 상업미술을 가르치며 미국 남서부의 풍경에 매료된 적이 있었던 오키프는 스티글리츠의 외도로 인한 정신적 피폐함을 극복하기 위해 1929년부터 그와 떨어져 뉴멕시코주에서 많은 시간을 보냈다. 1946년 스티글리츠의 건강이 좋지 않다는 소식을 듣고 뉴욕으로 잠시 돌아가 그를 돌봤지만, 그해 여름 스티글리츠는 세상을 떠났다. 스티글리츠 사후 오키프는 뉴욕의 부동산을 모두 처분하고, 1949년 환갑이 지난 나이(62세)에 뉴멕시코주로 완전히 이주한다. 이후 99세의 나이로 세상을 떠나기 전까지 인생의 후반을 그곳에서 보냈다.

뉴욕에서의 도시 생활을 청산하고 미국 남부의 사막 지역에 정착한 그녀의 삶은 어떤 모습이었을까? 그즈음 그녀를 찍은 사진을 보면, 기모노 스타일이나 랩 드레스 형태의 희고 검은 긴 옷을 입고 작품 활동을 하는 모습이 담겨 있다. 그 모습이 마치 세상과 떨어져 사막에서 홀로 구도의 삶을 이어가는 수도승의 모습처럼 보이기도 한다. 뉴멕시코주의 사막에서 주운 각종 동물의 뼈와 그곳의 자연 풍광, 진흙으로 지은 어도비 양식의 주택을 그린 작품들을 보고 있으면 노년에 접어든 오키프의 정신세계가 어디로 향했는지를 짐작해볼 수 있다. 그 무렵 오키프는 생명의 근원성과 영원성, 순환성에 대해 골몰했던 것으로 보인다.

조지아 오키프를 언급할 때 빼놓을 수 없는 작품이 있다면 거대하게 확대해서 그린 꽃 그림일 것이다. 꽃의 암술과 수술을 확대하여 그린 그의 작품들을 두고서 평론가들은 성적인 이미지를 표현한 것이라고 분석했다. 그러나 오키프는 평론가들의 이런 해석을 거부했다. 미술사학자 린다 노클린Linda Nochlin은 1926년 오키프가 그린 〈검은 아이리스 III〉를 보며 여성의 성기를 은유적으로 표현한 작품이라고 논평했지만, 오키프는 단지 꽃을 그린 그림일 뿐이라고 주장했다.

작가가 직접 나서서 자신의 작품에서 섹슈얼리티를 읽어내는 평론을 부정했음에도 불구하고 끊임없이 이러한 해석이 제기되는 이유는 무엇일까? 오키프는 꽃의 가장 중심이 되는 부분이자, 꽃의 수정을 담당하는 암술과 수술을 확대하여 그림으로써 꽃이 가진

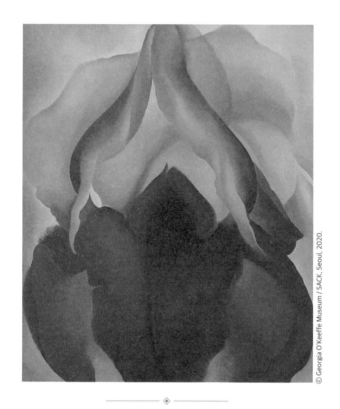

조지아 오키프, 〈검은 아이리스 Ⅲ〉
캔버스에 오일, 1926년, 미국 뉴욕 메트로폴리탄 미술관.

생명의 근원성과 신비함을 묘사했다. 그러한 까닭에 관람자들 입장에서는 오키프의 꽃 그림에서 성적인 이미지를 떠올릴 수도 있겠다는 생각이 든다.

생명의 순환성과 영원성에 관한
오키프의 관심

대지의 생명력을 한껏 빨아들여 활짝 피어난 꽃은 얼마 지나지 않아 시들고 썩어서 다시 흙으로 돌아간다. 그러나 그것이 사라진 자리에서 이듬해 또다시 아름다운 모습으로 꽃이 피어난다는 사실을 우리는 알고 있다. 삶과 죽음이라는 이분법적 사고를 벗어나, 생명을 관조적으로 바라보면 생명은 언제나 다시 그 자리로 돌아옴을 깨닫게 된다. 이렇게 생명은 탄생과 죽음, 재탄생을 반복하며 영원으로 이어진다. 오키프가 자신의 꽃 그림을 통해 말하고 싶었던 것은 바로 이 지점이 아니었을까?

그녀의 그림에 자주 등장하는 소의 머리뼈에 대한 신화적 해석 역시 생명을 탄생시키는 여성성과 연결되어 있다. 황소의 뿔은 달을 상징한다. 황소의 뿔처럼 생긴 초승달은 점점 부피를 늘려가며 반달에서 보름달로 모습을 바꾸었다가 다시 반달에서 그믐달로 작아져 마침내 3일 동안 완전히 모습을 감춰버린다. 달이 사라진 3일간 달은 태양으로부터 다시 생명력을 얻는다. 생명을 얻은 달은 이내 모습을 드러내며 순환을 반복한다. 죽음이 영원한 생명의 상징인 태양으로 돌아가 힘을 얻어 다시 부활한다는 것이다. 원시인류는 태양 역시 영원한 생명력을 지닌 여성성으로 간주했다. 이와 같은 달의 주기적 변화는 원시 시대부터 인류에게 탄생과 죽음, 그리고 부활의 상징으로 여겨졌다. 달의 주기는 여성의 생리 주기와도 연결되며, 또 달의 모양 변화는 임신한 여성의 배가 변하는 모습과도 닮았다. 원시인류는 이와 같이 여성성을 자연과 우주의 순환성과 연결지어 생각했던 것이다.

소의 머리뼈는 여성의 자궁과도 연결이 지어진다. 도로시 카메론Dorothy Cameron은 1981년 출간한 저서 《신석기 시대의 탄생과 죽음의 상징》에서 황소의 머리 해골과 여성의 자궁이 얼마나 닮았는지 다이어그램으로 소개했다. 《알파벳과 여신》을 쓴 의사이자 학자인 레너드 쉴레인 역시 그의 책에서 해부학적인 측면에서 소의 머리뼈와 여성성이 어떤 연관이 있는지 설명하고 있다. 이 설명들을 읽고 나는 그들의 통찰력 있는 해석에 감탄을 금치 못했다.

두 학자의 의견에 따르면 소의 머리뼈를 정면에서 바라보면 그 형태가 여성의 자궁 모양을 닮았기 때문에 원시인류 시절부터 소의 머리뼈는 여성성의 상징으로 여겨졌을 것이라고 주장한다. 서사인들은 사람이 죽고 나서 탈골되어가는 과정을 흔히 보았기 때문에 현대인들보다 인체에 대해 더 잘 알고 있었을 것이며, 또 소가

가축화된 이후 인류는 고기를 얻기 위해 소를 도축하고 해체하면서 소의 머리뼈가 가진 형태가 어떤지를 잘 알고 있었을 것이라고 한다. 그 과정에서 여성의 자궁과 소의 머리뼈가 대단히 닮아 있다는 사실을 알았을 테고, 여성이 가진 생명의 근원성과 창조성, 생명의 탄생과 밀접한 관련을 가지며 신화 속에 여성의 상징성으로 소의 머리뼈가 수용되었던 것으로 학자들은 추정한다.

이 학설을 알고 나서 오키프가 그린 소의 머리뼈 그림을 다시 보면 그녀가 소의 머리뼈가 지닌 신화적 상징성에 대해 알고 그렸는지 모르고 그렸는지는 알 수 없지만, 설령 모르고 그렸다 하더라도 장구한 세월 동안 인류의 내면에 간직되어온 생명의 창조성과 생산성, 죽음과 재탄생이라고 하는 자연의 순환에 대한 자각이 무의식적으로 그의 작품에 발현된 것은 아닐까 생각해보게 된다.

소는 붉은 대지 위에서 살다가 죽는다. 붉은 대지는 생명의 색이자 생명을 키워내는 어머니 여신 그 자체이다. 오키프 그림에 자주 등장하던 어도비 양식의 주택은 뉴멕시코주의 원주민 푸에블로 인디언들이 진흙과 건초를 섞어 만든 집으로 인간이 살아가는 공간이자 죽으면 돌아가야 할 고향으로서의 땅을 상징한다. 흙으로 지은 집에서 살다가 흙 속에 묻힌다는 사실과 더불어 대지란 우리에게 삶을 주기도 하고, 죽으면 거둬주기도 하는 어머니의 품을 상징했다.

햇살이 작열하는 미국 남부는 양기가 충만한 장소이다. 죽은

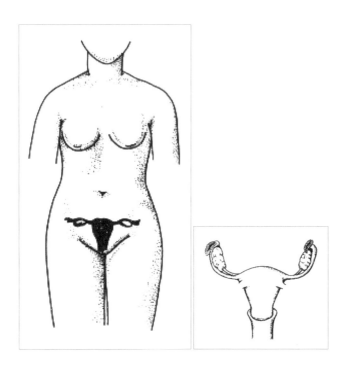

───────── ◆ ─────────

도로시 카메론은 저서 《신석기 시대의 탄생과 죽음의 상징》에서 황소의 머리 해골과 여성의 자궁의 형태적 유사성을 다이어그램으로 그려 설명했다. 마리야 김부타스는 도로시 카메론의 다이어그램을 자신의 저서 《여신의 언어》와 《여신의 문명》에서 소개했다.

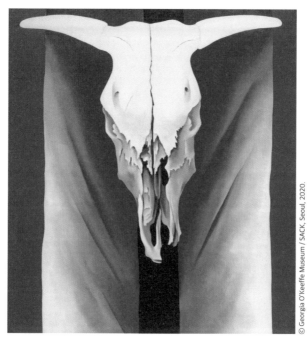

조지아 오키프, 〈소의 해골: 적, 백, 청〉
캔버스에 오일, 1931년, 미국 뉴욕 메트로폴리탄 미술관.

동물들은 이 양기를 잔뜩 머금고 다시 부활하여 원시인류에게 다시 자기 몸을 기꺼이 희생했을 것이다. 붉은 산과 파란 하늘을 배경으로 공중에 떠 있듯 그린 오키프의 〈소의 해골: 적, 백, 청〉을 보고 있으면 신화적 상상력이 저절로 발동한다.

오키프는 아마도 뉴멕시코주에 살던 인디언들의 신화를 접했을 것이다. 그 이야기들로부터 대지에 흩어져 있는 다양한 동물 뼈들이 태양의 에너지를 흡수하고 땅으로부터 생명을 다시 부여받아 드넓은 대지 위를 달리는 모습을 상상했을지도 모른다. 대지에서 피어나는 꽃들로부터 우주와 자연의 섭리를 발견했을지도 모른다. 시간과 우리의 생명은 단선적으로 흘러가는 것이 아니라 순환하며 영원히 이어진다는 사실을 깨우쳤을지도 모른다. 그리고 자신도 언젠가 죽어 다시 이 땅으로 부활할 것이라는 신화적 상상을 했을지도 모른다.

욕심이 마음을 어지럽힐 때면 보는 〈구름 위의 하늘〉 연작

생전에 오키프는 여행을 많이 다녔다. 특히 뉴멕시코주에 정착한 이후인 1950년대부터 오키프는 세계 여행을 하며, 비행기 창밖으로 내려다보이는 구름의 모습에 매료되어 〈구름 위의 하늘〉 연작을 그리기 시작했다. 비행기에서 내려다보는 구름의 모습은 땅에 발을 딛고서 고개를 들어 하늘을 바라봤을 때의 모습과는 완연히 다르다. 지상에서 올려다보는 파란 하늘과 하얀 구름은 산뜻하고 쾌청한 느낌으로 다가온다. 번잡하고 골치 아픈 일상에서 벗어나 잠시 쉬고 싶을 때 사람들은 하늘을 올려다본다.

땅에서 올려다본 구름이 구름 너머의 하늘 위를 상상하게 한다면, 하늘 위에서 내려다보는 구름은 구름 밑의 인간 세상을 상상하게 한다. 비행기 안에서 바라보는 구름은 다양한 정서를 유발한다. 하얀 솜이불처럼 끝없이 덩어리져 펼쳐진 구름을 보면 어린 시절 엄마가 이불을 꾸미려고 펼쳐놓았던 이불솜의 따스함이 떠오른다. 풀어헤쳐진 솜사탕처럼 점점이 흩어진 구름이나 하얀 베일이 휘날리듯 얇은 구름이 바람을 따라 흘러 다니는 모습을 보면 불현듯 인간 세상이 궁금해진다. 구름 사이사이로 지상의 모습이 보일 때면 목을 빼고 창 밑을 내려다본다. 죽죽 뻗은 길은 어디에서 끝나는지, 그 위를 달리는 차들은 어디를 향하고 있는지 궁금해진다. 여러 길이 만나는 중심에는 여지없이 도시가 형성되어 있고, 사람이 살지 않을 듯한 거대한 숲속에도 구불구불 길이 나 있다.

오키프는 다양한 모습의 하늘과 구름을 그렸다. 때론 맑은 하늘의 뭉게구름을, 때로는 흩날리듯 얇게 펼쳐진 구름층을 그렸다. 동이 트기 전 희미한 빛을 발하는 하늘과 구름과 일몰의 붉은빛으로 물든 하늘과 구름을 그렸다. 단 하루도 같은 모습을 보여주

조지아 오키프, 〈파티오에서 VIII〉

캔버스에 오일, 1950년, 미국 산타페 조지아 오키프 뮤지엄.

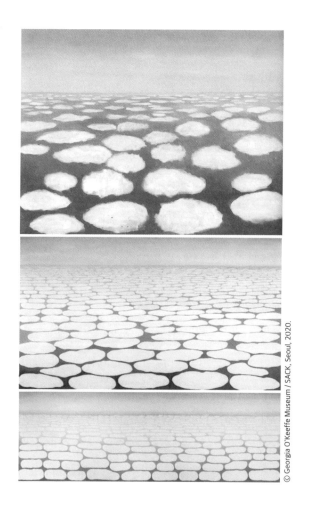

———— ◈ ————

조지아 오키프, 〈구름 위의 하늘〉 연작

조지아 오키프는 다양한 모습의 하늘과 구름을 그렸다. 맨 위에서부터 〈구름 위의 하늘 I〉(1962~1963년), 〈구름 위의 하늘 III〉(1963년), 〈구름 위의 하늘 IV〉(1965년)이다.

지 않는 하늘을 오키프는 자신의 화폭에 추상적으로 담아냈다. 우리의 마음이 하루도 같은 날이 없듯 자연 역시 하루도 같은 날이 없다. 그러나 세상에는 항상恒常 하는 것이 없다는 진리를 머리로는 알면서도 우리는 명예나 부, 상대의 사랑과 같은 욕망의 대상들은 끝까지 변하지 않기를 바란다.

우리가 건성으로 흘려버리며 살아가는 일상이 사실은 얼마나 아름다운 신비인지를 나이가 들어가며 점차 깨달아간다. 중년이란 나이가 되어 삶을 되돌아보니 삶을 잘 살아내려고 지나치게 애쓸 필요가 없었다. 오히려 애를 쓸수록 삶은 더 힘들어진다는 사실도 알았다. 거창한 목표가 없어도, 거대한 비전이 없어도 삶은 그 자체만으로 살아갈 가치가 충분한 것이었다. 사회가 주입한 가치관에서 벗어나 나만의 개성과 생명력을 발현하며 나답게 살게 되자 삶은 더 의미가 있고 즐거워졌다. 일상이 가벼워지자 예전에는 보이지 않던 대상들이 보이기 시작했고, 그것이 가진 진실한 아름다움이 보이기 시작했다. 가을의 짙푸른 하늘, 새벽녘 핑크빛으로 동터 오르는 하늘, 해넘이 시간의 검붉은 노을, 짙은 먹구름이 낀 하늘 등 일상에서 마주하는 모든 자연현상은 저마다의 의미를 지니고 있었다. 조지아 오키프는 바로 그 일상의 아름다움과 위대함을 발견한 것이 아니었을까? 구상이면서 추상이 느낌을 지어내는 조지아 오키프의 그림들을 보면 볼수록 내 마음속에는 다양한 심상이 떠오른다. 마음속에 온갖 욕심이 들끓을 때면 그녀가 그린 꽃 그림과 소의 머리 해골 그림, 어도비 양식의 주택 그림들을 보면서 가장 원초적인 인간의 생명력을 떠올린다. 온갖 망상으로 머리가 무거울 때는 그녀의 하늘을 올려다보며 일상의 소중함과 아름다움을 다시금 깨닫는다. 그러고 나면 나의 마음은 다시 활력으로 가득 채워진다.

예술 작품 속에 담긴
역사적 진실

어떤 예술 작품은 감상하다 보면 알 수 없는 불편함이나 암울함이 느껴질 때가 있다. 그런 경험을 할 때면 나는 예술의 역할에 대하여 다시 생각해보곤 한다. '예술이란 과연 무엇일까? 단지 아름다움만을 추구하는 것이 예술일까?' 미술사를 살펴보면 예술의 궁극적 목적이 '미美의 추구'였을 때도 있었지만, 시대의 가치관이 바뀌어가며 예술의 정의도 바뀌어갔음을 알 수 있다. 예술에 있어 '진眞'과 '선善'의 추구도 미의 추구에 못지않게 중요한 문제이다.

만약 작가가 작품을 통해 진실과 정의(선)의 메시지를 던지고자 한다면 예술은 때로 아름다움과 멀어지기도 한다. 미감을 통해 마음을 고양시키는 것이 예술의 역할이지만, 때로는 미감을 포기하더라도 시대의 진실을 내보임으로써 사회가 정의의 길로 나아가도록 인도하는 것 역시 예술이 추구해야 할 방향이다.

프랑스의 화가 테오도르 제리코Théodore Géricault의 〈메두사 호의 뗏목〉이나 외젠 들라크루아Eugéne Delacroix의 〈민중을 이끄는 자유의 여신: 1830년 7월 28일〉이나 〈키오스 섬의 학살〉과 같은 작품들이 유럽 사회의 현실을 적나라하게 고발함으로써 사람들의 생각을 환기시켰던 것처럼 말이다.

미감보다 역사적 진실의 전달을
선택한 예술 작품들

1816년 7월 2일, 세네갈을 식민지로 삼기 위해 항해에 나선 프랑스의 해군군함 메두사 호가 좌초당하는 사고가 발생했다. 7월 5일, 선장과 선원들 그리고 일부 승객들은 여섯 개의 구명보트를 타고 대피했지만, 149명의 다른 선원들과 승객들은 구명보트에 탑승하지 못했다. 그들은 목숨을 구하기 위해 뗏목을 만들어 탔다. 이 뗏목은 동력이 없어 앞으로 나아갈 수 없었기에 구명보트에 탄 사람들이 줄로 연결하여 끌어주기로 했다. 그런데 선장은 뗏목에 탄 사람들의 생명줄과 같았던 밧줄을 끊어버리고 자기들끼리 도망을 가고 만다.

뗏목은 거센 물결 속을 부유하다 12일 뒤인 7월 17일, 우연히 근처를 지나던 배에 구조된다. 그동안 프랑스 정부는 구조를 위한 어떤 시도도 하지 않았다. 살아남은 자는 15명뿐이었다. 나머지 134명은 배고파 죽거나, 고통을 견디지 못해 바다로 뛰어들어 죽었다. 살아남은 자들은 배고픔을 이기지 못하고 죽은 사람을 식육하거나, 약한 자를 잡아먹었다. 이 사건은 이내 프랑스 당대 최고의 스캔들로 떠올랐다. 1815년 황제의 권력을 누리던 나폴레옹이 실각한 후, 복고한 왕정의 주인 루이 18세의 무능함을 그대로 노출한 사건이자 인재였다.

프랑스 정부는 이 참혹한 사건을 은폐하고자 했으나, 생존자 중 한 명이었던 외과의사가 이 사건의 전말에 대해 출판함으로서 대중들에게 알려졌다. 프랑스 사회를 술렁이게 한 이 사건에 당대의 젊은 화가 제리코는 깊이 매료되었다. 제리코는 이전까지 종교화나 역사화처럼 중요한 상징성을 띈 작품들을 그리는 데에만 사용되던 거대한 캔버스를 이 작품을 그리며 의도적으로 사용했다. 생존을 위해 벌인 뗏목 위에서의 비참하고 충격적인 사투를 거대한 화폭(491×716cm)에 부각시켜 그림으로써 제리코의 그림은 당대인들에게 커다란 반향을 불러일으켰다.

뗏목 밖으로 몸을 걸치고 있는 시체더미의 모습, 생의 의지를 잃은 듯 멍하니 턱을 괴고 앉아 있는 노인의 모습, 멀리 지나가고 있는 배에 발견되기 위해 필사적으로 손을 흔들고 있는 난파자들. 그들의 비참함과 처절함을 담은 제리코의 그림은 인간의 부조리한

테오도르 제리코, 〈메두사 호의 뗏목〉
캔버스에 오일, 1819년, 프랑스 파리 루브르 박물관.

모습을 제대로 표현해냈다는 찬사와 끔찍하고 혐오스러운 장면으로 가득한 그림이라는 비난을 동시에 받았다. 작품을 감상하는 이로 하여금 부정적인 감정을 불러일으킨 작품임에는 틀림없지만, 그것은 인간의 잔혹함과 무자비함을 폭로하기 위해 제리코가 의도한 바이기도 했다.

제리코와 비슷한 시기를 살았던 외젠 들라크루아 역시 19세기 혼란했던 프랑스의 정치 상황을 자신의 그림을 통해 고발하고자 했다. 나폴레옹이 실각하고 왕정복고가 이루어지며 왕위에 오른 루이 18세는 후사가 없었다. 때문에 그의 동생 샤를 10세가 1824년 왕위를 계승하게 된다. 샤를 10세는 태양왕 루이 14세가 구가했던 절대왕정의 복고를 꾀했다. 시대의 흐름에 반하는 정책을 펴나가며 당시 프랑스의 자유주의자들을 탄압했던 그는 1830년 7월혁명으로 왕위에서 축출된다. 들라크루아의 〈민중을 이끄는 자유의 여신: 1830년 7월 28일〉은 이 7월혁명을 기념하며 그린 그림이다.

들라크루아는 자신의 동생에게 보내는 편지에서 "나의 우울한 기분은 이 그림을 그리는 동안 사라졌다. (…) 내가 나의 조국을 위해 싸우지 않았다 할지라도, 나는 나의 조국을 위해 이 그림을 그릴 것이다"라고 했다. 들라크루아의 이 그림은 19세기의 암울했던 프랑스 사회와 그 시절의 혁명을 장발장이라는 한 사람의 인생을 통해 탁월하게 그려낸 빅토르 위고Victor Hugo의 소설《레 미제라블》에 영향을 주었다. 역사적 진실을 일깨우고자 창작한 그림이 또

외젠 들라크루아, 〈민중을 이끄는 자유의 여신: 1830년 7월 28일〉
캔버스에 오일, 1830년, 프랑스 파리 루브르 박물관.

다른 진실이 담긴 대작의 창작에 촉매가 된 셈이다.

잔잔한 그림 속에 숨겨진
19세기 미국 서부의 폭력적 역사

대중들에게는 조금 덜 알려진 화가이긴 하지만, 나는 미국의 화가 조지 칼렙 빙엄George Caleb Bingham의 그림을 볼 때마다 테오도르 제리코나 외젠 들라크루아의 그림에 서린 짙은 사회성을 발견하곤 한다. 빙엄의 작품은 얼핏 보면 그 분위기가 정적이고 심지어는 즐거워 보이기까지 한다. 그러나 예술 작품들은 그 작품이 창작된 시대의 맥락을 알고 봐야 제대로 볼 수 있다. 빙엄의 그림 속 인물들과 이들에 얽힌 당시의 사회상을 알고 나면 호젓함 속에 드리워진 시대의 그늘을 읽게 된다.

빙엄이 그린 〈미주리강을 거슬러 내려오는 피혁 상인들〉은 한가로운 듯한 분위기 속에 19세기 미국 서부에서 벌어졌던 폭력의 역사가 고스란히 스며 있는 작품이다. 19세기 초 미국 서부에서 금광과 석유가 발견되며 골드러시가 일어나기 전까지, 모피 무역은 이 지역의 산업 발달에 밑거름이 되어준 주요 산업이었다. 이곳에 정주하던 원주민들은 사냥으로 획득한 모피를 유럽에서 건너온 금속 도구와 교환했다. 당시 유럽 대륙에서 모피 수요가 폭증하자 미국 서부에서 생산된 모피를 유럽으로 실어 나르기 위해 로키산맥을 비롯한 서부의 무역로가 상당한 수준으로 개척되었다. 오래전부터 인디언의 교통로로 이용되었던 미주리강은 19세기에 이르러 서부 개척의 핵심 교통로로 부상한다. 하지만 폭증한 모피 수요를 따라가는 과정에서 이 지역의 곰들은 급속히 멸종 위기에 처하게 되었고, 사냥꾼과 원주민 사이에서도 갈등이 깊어져만 갔다. 게다가 곧 이어진 서부개척은 그곳에 오랫동안 터를 잡고 살아오던 인디언에 대한 대대적인 탄압과 학살로까지 이어졌다. 빙엄의 그림 속 평화로워 보이는 미주리강은 실상 원주민에 대한 폭압과 무분별한 사냥으로 얼룩진 장소였다.

빙엄의 그림 속에 등장하는 두 인물에게 시선을 돌려보자. 빙엄의 그림 속에 등장하는 두 사람은 부자지간이다. 이 작품의 원래 제목은 〈프랑스 상인과 혼혈인 아들〉이었다. 원제를 통해 프랑스 출신 백인 남성이 미국으로 건너와 원주민 여성과 결혼하여 혼혈인 아들을 두었다는 사실을 짐작할 수 있다. 실제로 미주리강 유역에서는 모피 무역을 위해 많은 사람들이 교류하다 보니 이곳에 정주해 살던 원주민과 모피 무역상들 사이에서 혼혈아가 많이 탄생했다. 캐나다에서는 이렇게 원주민 여성과 백인 남성, 특히 프랑스와 영국 출신 백인 남성과의 사이에서 태어난 혼혈인들을 일컫는 'Metis people'이라는 호칭이 별도로 있을 정도이다. 그렇다면 왜 이 그림의 제목이 〈미주리강을 거슬러 내려오는 피혁 상인들〉로

조지 칼렙 빙엄, 〈미주리강을 거슬러 내려오는 피혁 상인들〉

캔버스에 오일, 1845년, 미국 뉴욕 메트로폴리탄 미술관.

바뀌었을까? 미국예술협회는 원제가 잠재적으로 논쟁거리가 될 수 있다고 생각했다. 이 작품의 내용과 작품의 원래 제목은 그 당시 미국에서 벌어지고 있던 시대의 어두운 단면을 그대로 반영하고 있었고, 그림을 통해 시대상을 환기시켰기에 빙엄은 첫 전시를 앞두고 작품 제목을 변경할 수밖에 없었다.

그림 속 아버지는 자유의 상징인 프리지안 캡Phrygian cap을 쓰고 있는데, 이는 당시 모피 상인들의 차림새를 고스란히 보여준다. 배의 끝에 걸터앉아 있는 동물은 흡사 고양이처럼 보이는데 이 동물은 고양이가 아니라 당시 모피의 원료로서 무차별적으로 희생되었던 새끼 곰으로 해석하는 것이 일반적이다. 빙엄의 이 그림은 한 편의 풍경화처럼 보이지만, 사실은 격동하던 미국 역사의 한 장면을 그대로 반영한 작품인 것이다. 이처럼 빙엄은 미주리강의 풍경과 그곳을 배경으로 살아가던 어부의 모습, 당시 이 지역을 장악했던 모피 사냥꾼을 묘사하는 데 몰두했다. 도시에 살던 미국인들은 생존을 위해 미국 국경지대에서 어쩔 수 없이 벌어지던 폭력을 낭만적으로 묘사한 빙엄의 그림에 열광했다.

이 그림을 그린 화가 빙엄의 이력도 독특하다. 그는 1811년 미국 동부 버지니아주에서 태어나 아홉 살 때 미주리주로 이사하여 그곳에서 성장했다. 몇 달간 미술 교육을 받은 것이 전부였지만 미주리강을 배경으로 서부개척 시대를 살아간 사람들의 척박한 삶을 그린 빙엄의 작품들은 대중들의 큰 사랑을 받았다. 이후 마흔다섯의 나이에 독일 뒤셀도르프로 건너가 정식으로 미술 공부를 하고 돌아오지만, 오히려 그림 스타일이 지나치게 형식적이고 현학적으로 바뀌어버려서 그의 그림이 지니고 있던 본래의 매력을 잃어버리고 만다. 이후 빙엄은 그림을 그만두고 정치인으로 전향한다.

빙엄의 그림을 떠올리게 하는
영화 한 편

빙엄의 〈미주리강을 거슬러 내려오는 피혁 상인들〉의 역사적 배경을 이해하고 싶다면 영화 〈레버넌트: 죽음에서 돌아온 자〉(이하 '레버넌트')가 도움이 될 것이다. 영화는 예술 작품이나 예술가들의 삶에 대해 보다 쉽게 이해하도록 도움을 주는 유용한 매체이다. 내 러티브를 가지고 시대와 인물을 시청각적으로 생생하게 묘사하기 때문이다. 나는 빙엄의 그림에 담긴 역사적·지리적 배경과 배를 탄 인물들의 모습이 〈레버넌트〉의 주인공 휴 글래스Hugh Glass의 삶과 판박이처럼 닮아 보였다.

〈미주리강을 거슬러 내려오는 피혁 상인들〉과 영화 〈레버넌트〉는 둘 다 미국의 서부개척이 본격화되기 직전의 시대를 배경으로 한다. 미국의 서부개척이 본격화한 것은 1848년 캘리포니아에서 금광이 발견되어 골드러시가 일어나면서부터였다. 당시 동부의 미국인들뿐만 아니라 꿈을 좇아 유럽에서 건너온 수많은 이민자들까지 미국 서부로 몰려들기 시작했다. 그로 인해 1848년부터 1858년까지 10년간 캘리포니아에서는 엄청난 규모의 금광채굴이 이루어지는데, 금광이 발견되고 2년 만인 1850년 9월, 캘리포니아는 정식으로 미국의 주州로 편입된다. 이처럼 단기간에 인구가 늘어서 주로 승격된 사례는 미국 역사에서도 드문 일이었다.

〈레버넌트〉를 연출한 알레한드로 이냐리투Alejandro Inarritu 감독은 미국 서부의 역사를 기술할 때 빠질 수 없는 전설적인 모험가 휴 글래스의 실화에서 영감을 받아 영화를 만들었다고 밝힌 바 있다. 필라델피아 출신의 모험가이자 개척자였던 휴 글래스는 1823년 한 모피 회사에서 사냥꾼으로 일하던 중 회색 곰의 습격을 당해 사지가 찢기는 사고를 당한다. 그의 일생이 영화 〈레버넌트〉의 뼈대를 이루고 있다.

이냐리투 감독은 당시 미주리강 유역에 살던 원주민인 아리카라족을 연구했던 연구자까지 섭외해 영화의 역사적 배경을 최대한 사실적으로 담아내기 위해 노력했다고 한다. 그 조언에 따라 휴 글래스가 원주민 여성과 결혼하여 그사이에서 혼혈인 아들 '호크'가 탄생하는 서사가 영화에 등장한다. 이와 같은 당대의 배경이 그대로 재현된 그림이 바로 조지 칼렙 빙엄의 〈미주리강을 거슬러 내려오는 피혁 상인들〉이다.

하나의 예술 작품 속에는 당시의 역사적 진실이 담겨 있다. 예술 작품은 당대의 문명사를 극명하게 반영한다. 그렇기 때문에 차마 눈뜨고 볼 수 없는 잔혹한 인류의 역사가 담겨 있기도 하다. 흘끗 보고 넘길 수 없는 삶의 무게가 실려 있는 것이다. 예술은 궁극적으로 미를 추구하지만, 아름다움만큼이나 진실과 정의를 추구함으로써 사람들의 인식을 바꾸는 힘도 가진다. 예술 작품을 감상하는 일이 곧 우리 삶의 진실을 냉정하게 마주하는 작업인 이유이다.

정원을 거닐며
동서양의 세계관을 사색하다

세상을 바라보는 시각이 다르면 예술의 스타일(양식)도 달라진다. 고대에는 동방의 예술이 서방의 예술에 큰 영향을 미쳤지만 근대 이후로는 서양의 예술이 동양의 예술에 많은 영향을 미쳤다. 교통과 통신이 발달한 지금은 동서양의 문화가 실시간으로 영향을 주고받는 시대로 접어들었다. 따라서 요즘에는 창작 배경에 대한 정보가 없는 상태에서 작품을 보게 되면 그것이 동양의 작품인지, 서양의 작품인지 분간하기 어려운 경우가 많아졌다. 그러나 겉으로 보이는 예술 양식이 비슷하다고 해서 작품 안에 담긴 내용까지 비슷하지는 않다. 작품이 비슷해 보인다고 해서 일방적으로 누가 누구의 작품을 모방했다고 말할 수 없는 이유이다.

일본의 종교학자이자 인류학자인 나카자와 신이치中沢新一는 저서《대칭성 인류학》에서 우리 내면의 무의식이 아직 억압당하기 전의 야생적 사고(그는 이것을 '대칭성'이라는 단어로 표현한다)를 회복해야만 진정한 행복을 누릴 수 있다고 말한다. 또한 현대의 우리는 우리의 무의식을 억압하는 비대칭성 사회에 살고 있지만, 예술가들은 의식적이든 무의식적이든 우리 내면의 대칭성으로부터 창의력을 끌어낸다고 말한다. 그런데 동서양의 사고 구조가 각기 다르다 보니 예술 작품에 표현되는 대칭성의 모습이 다르게 나타난다. 그는 일본 교토에 있는 료안지龍安寺의 정원과 이탈리아 피렌체에 있는 보볼리 정원Giardino di Boboli을 예로 들어 동서양의 사고 구조 차이를 설명한다.

관계성의 미학과 철학을 보여주는
동양의 정원

료안지는 선찰禪刹(참선 수행을 하는 사찰)이다. 아직 가보진 못했지만 워낙 사진으로 자주 보아서 익숙한 곳이다. 스님들이 갈고리로 아주 천천히 정원의 자갈을 쓸면서 모양을 내는 장면이 인상적이다. 그것 또한 수행의 일부라고 알고 있다. 료안지의 정원에는 몇개의 큼직한 바위와 작은 자갈들이 깔려 있는데, 스님들은 큼직한 암석 주위로 작은 자갈들을 쓸어서 동심원 무늬를 만든다. 그 모습

©Didier Moïse

©Bjørn christian Tørrissen

일본 교토에 위치한 선찰, 료안지 정원의 모습

이 마치 커다란 바위의 에너지가 주변으로 퍼져나가는 것처럼 보인다. 암석과 자갈, 자갈의 물결무늬가 관계성을 유지하며 유기적으로 공존하는 것이다. 자갈을 떠난 암석은 의미가 없고 암석을 떠난 자갈도 의미가 없어진다. 암석이 암석인 척하려고 하면 암석을 뒤덮고 있는 이끼가 그 의미를 무색하게 만들어버린다. 이끼는 암석이나 암석이 놓인 흙을 뒤덮어버리면서 각각의 개성을 해체한다. 그러나 이 각각이 없다면 정원은 존재할 수 없다.

료안지의 정원에 반영되어 있는 불교의 세계관은 무엇일까? 불교에서는 자아는 없다고 가르친다. 자아가 없다니, 이게 무슨 말인가? 멀쩡히 내가 존재하고 있는데 자아가 없다니, 자아가 없다면 나는 무엇이란 말인가? 사람들은 흔히 '너는 누구냐'라는 질문을 받으면 자신의 이름을 말하거나, 누구의 딸/아들, 누구의 아내/남편, 누구의 동생/형/누나 등 가족관계에서의 자기 위치로 대답하거나, 직장에서의 직급을 이야기하는 등 세상과의 관계 속에서의 자기에 대해 대답한다. 그런데 그러한 관계 속에 놓인 자신을 떠나 '네 본모습이 무엇이냐?'라는 질문을 받으면 우리는 말문이 턱 막히고 만다. 나의 이름과 관계에서 비롯된 나의 지위는 외면적인 나일 뿐 나의 본연을 가리키고 있는 것은 아니기 때문이다. 여기에서 알 수 있듯 우리 각자는 관계로 형성된 존재들이다. 각자의 존재는 바로 이 관계가 만들어낸 것이기 때문에 나라고 고집할 만한 자아는 없다는 의미이다.

그러나 세상에 고정불변하는 것이 있던가? 관계성이라는 것도 변화를 겪는다. 세상과 유기적으로 얽혀 있는 나의 존재 역시 고정된 것이 아니며 끊임없이 변화를 겪는다. 그런 까닭에 불교의 중요한 가르침이 바로 '공空사상'인 것이다. 그렇다고 불교의 가르침에서 나의 존재를 부정하는 것은 아니다. 내가 없으면 세상의 모든 관계가 존재할 수 없기에 나라는 존재는 대단히 중요하다. 존재의 중심에 내가 있는 이유이다. 부처께서는 태어나시자마자 바로 사방으로 일곱 걸음을 걸으며 '천상천하 유아독존天上天下 唯我獨尊'이라고 말씀하셨다. '하늘 위 하늘 아래 오직 나 홀로 존귀하다'라는 의미이다. 이 구절을 잘못 해석하면 무척 거만한 말처럼 들리기도 한다. 그러나 이 말은 본디 '내가 없고서는 이 세상의 진리를 깨달을 수 없기 때문에 나란 존재는 대단히 중요하다'라는 의미이다.

이처럼 전체의 관계 속에서 각각이 찬란하게 빛을 내는 구조는 동양의 불교적 사고의 요체이자, 료안지 정원에 드러난 의미이다. 이러한 관계성의 미학을 작품으로 구현한 대표적인 한국의 작가가 이우환이다. 돌이나 쇠, 유리와 같은 재료로 구성된 〈관계항〉이란 제목의 설치미술 연작들은 작품이 놓이는 공간이 어디인지, 또 각각의 재료가 어떠한 관계성으로 설치되었는지에 따라 작품의 느낌이 확연히 달라진다. 각각의 질료들이 자신의 특성을 잃지 않으면서도 공간과 다른 질료들과의 관계 속에서 전혀 다른 의미와 느낌을 주는 것이다.

이성적인 서양의 정원,
그 한 켠에 존재했던 동굴의 비밀

서양(유럽)의 정원은 동양의 정원과는 확연히 다른 모습을 하고 있다. 베르사유를 비롯해 다른 유명 궁궐에 딸린 정원들을 살펴보면 대부분 기하학적으로 반듯한 형태를 하고 있다. 유럽의 기하학적인 정원을 보면 반듯하게 정돈된 정원의 모습에 한두 번은 상쾌한 맛을 느끼지만 동양의 정원이 보여주는 자연스러운 분위기와 견주었을 때 마음이 편하질 않고 감정도 무미건조해지곤 한다.

기하학적인 형태의 서양식 정원은 인간의 이성을 중시하는 철학을 기반으로 한다. 따라서 건축물뿐 아니라 정원도 가장 이성적 학문인 수학에 근거한 계산과 비례에 따라 설계된다. 자연을 인간의 이성으로 지배하고자 했던 서양적 세계관은 정원 디자인에서도 극명하게 드러나고 있는 것이다. 그러나 자연에는 반듯한 선이 없다. 자연은 곡선의 세계이다. 인간의 이성으로 철저하게 재단된 공간에서 인간은 성취감을 느꼈을지는 모르지만, 영혼과 무의식은 편안함을 느낄 수 없었을 것이다. 기하학적으로 설계된 정원을 향유했을 국왕과 귀족들은 그들의 정원에서 진정한 휴식을 취하지 못했을 것이다. 그들도 잠시 권력을 내려놓고 푹 쉬고 싶지 않았을까? 무의식의 세계로 돌아가 마음 깊은 곳의 생명력을 회복하고 싶지 않았을까? 낮의 세계가 아닌 밤의 세계, 죽음의 세계에 대한 생각을 하지 않았을까?

그런 까닭에서인지 유럽의 정원에는 정원 한 켠에 동굴 형태의 건축물이 자리하고 있는 것이 특색이다. 이 동굴의 안은 동물과 식물, 신화 속의 신들을 형상화한 조각상으로 장식해놓았다. 기하학적인 형태의 정원 외관이 현실 세계이자 낮의 세계이며 이성이 군림하는 세계라면, 정원 한쪽에 마련된 동굴은 무의식의 세계이자 밤의 세계이며, 명계의 공간이다. 서양인들은 이 공간을 통해 이성과 무의식의 균형을 회복하고 대칭적 사고로 나아가고자 했다.

이탈리아 피렌체에 있는 보볼리 정원에도 동굴 형태의 건축물이 하나 있다. 이 정원은 메디치 가문의 코시모 1세가 자신의 부인 엘레아노르를 위해 설계한 정원이다. 나는 보볼리 정원의 동굴을 보면 자연스레 얀 브뤼헐Jan Brueghel의 〈오디세우스를 위한 칼립소의 향연〉에 표현된 환상적인 동굴이 떠오른다.

그리스 신화에 등장하는 영웅들의 모험담에는 명계를 다녀오는 이야기가 반드시 등장한다. 고대 그리스 시대에는 인문주의가 발달하여 수많은 신들의 조각상을 만들고, 그들의 이야기(신화)를 창작하며 인간 삶의 아름다움을 찬미했다. 하지만 그 시절에도 죽음에 대한 공포는 존재했다. 끊임없이 일어나던 전쟁도 죽음의 문제를 생각하게 했다. 이를 해결해준 이들이 디오니소스, 데메테르, 페르세포네, 오르페우스와 같은 신화 속 인물들이다. 이들은 죽었다 부활하거나(디오니소스), 죽은 생명을 부활시키거나(데메테르와

---◈---

이탈리아 피렌체 보볼리 정원의 내부 모습(위)
얀 브뤼헐, 〈오디세우스를 위한 칼립소의 향연〉(아래)

페르세포네), 죽음의 세계를 다녀온(오르페우스) 자들이다. 삶과 죽음, 부활을 상징하는 신 혹은 인간의 이야기를 통해 고대 그리스인들은 죽음에 대한 두려움을 이겨내고자 했다.

죽음의 공포를 넘어서기 위해 우리는 반드시 죽음을 직시해야 하는 단계를 거쳐야 한다. 육체적 한계를 가진 인간은 영혼의 재탄생을 통해 죽음을 극복함으로써 영원히 살 수 있었다. 서양의 정원 한 켠에 위치한 동굴은 바로 명계로 들어가는 입구이자 그 안에서 무의식을 회복하고 영혼의 재탄생을 도모하여 다시 현실로 돌아오도록 해주는 장소였던 것이다. 서양에서는 이와 같은 방식으로 그들의 억압된 무의식을 해소하고 대칭성을 회복했다.

이처럼 동서양은 각각 자신들만의 방식으로 대칭성(무의식, 야생적 사고)을 회복해왔다. 그 방법은 여러 예술 분야에서 다른 방식으로 구현되었다. 이러한 차이를 알지 못하고 동서양의 정원을 본다면 정원은 그저 예쁘게 꾸며진 꽃동산 정도의 눈요깃거리 이외에 아무것도 아니지 않겠는가?

정원을 거닐며 향기로운 꽃과 기기묘묘한 나무를 감상하는 데에만 머무르지 않고, 그 이면에 숨은 철학과 미학을 발견하는 기쁨을 누리는 삶. 그러한 삶을 가능하게 만들어준 것은 마흔이 넘어 내가 접했던 좋은 책들과 예술 작품들이었다. 이쯤에서 옛 선현의 말씀이 떠오른다. '사랑하면 알게 되고, 알게 되면 보이나니, 그때 보이는 것은 예전 같지 않으리라.'

밥 한 끼의 소중함을
안다는 것

살다 보면 삶의 방식이 완전히 바뀌는 계기가 찾
아오기도 한다. 나는 결혼을 계기로 한국 땅을 떠나 미국에 정주하
게 되었다. 음식부터 사람들의 라이프 스타일까지 새로운 문화를 접
할 때마다 나는 '어쩌면 달라도 이렇게 다를까!' 하며 놀라곤 한다.
그럼에도 한국에서의 삶과 그리 다르지 않은 점이 있다면 바로 먹고
사는 일의 수고로움과 애잔함이다.

작년 겨울부터 지금까지 이어지고 있는 코로나19로 갑작스러
운 생활의 변화를 겪고 있지만 그럼에도 먹고살아야 한다는 삶의
가장 기본적인 문제는 변하지 않는다. 모든 것이 풍족해 보이는 현
대이지만 질병과 자연의 변이 앞에서 우리는 여전히 속수무책이다.
준비 없이 도래한 언컨택트Uncontact의 시대에 생계를 이어나가기

위한 각계각층의 노력은 눈물겹다. 물자가 풍성한 요즘도 이럴진대 대다수의 사람들이 물질적인 풍요를 누리지 못했던 과거, 하층민들의 삶을 어떠했을까? 서민들의 삶의 모습이 담긴 동서양의 풍속화를 살펴보면 그 안에서 궁금증에 대한 해답을 찾을 수 있다. 옛 그림은 시대를 보여주는 거울이다.

조선 후기 서민의 삶,
그림의 주제로 들어오다

우선 우리의 그림부터 살펴보자. 우리나라에서 하층민의 삶이 그림의 주제로 등장하기 시작한 것은 조선 후기 풍속화가 그려지면서부터이다. 조선 후기 풍속화의 내력을 언급할 때, 빼놓을 수 없는 인물이 바로 〈자화상〉으로 유명한 공재 윤두서이다. 조선의 대표적인 풍속화가로는 김홍도, 신윤복, 조영석 등이 알려져 있지만 조선 풍속화의 기원은 이들보다 앞선 세대인 윤두서로부터 찾는 것이 일반적인 견해이다.

윤두서의 증조부는 조선 후기 풍류가객으로 유명한 윤선도요, 외증손은 조선 실학의 거두 정약용이다. 윤두서는 명문가 중의 명문가인 해남윤씨 집안의 종손이었다. 풍속화의 화풍을 개척한 인물이 양반 출신이라는 의미이다. 그렇다면 명문가에서 태어나 평생 큰 어려움 없이 살았을 양반가의 자제가 서민의 삶을 자기 그림의 주제로 삼게 된 연유는 무엇일까?

윤두서가 살던 숙종 대는 노론과 남인의 당쟁이 치열했던 시기였다. 그는 1693년 스물다섯의 나이에 진사시에 합격하지만, 일찍이 벼슬길로 나아가기를 포기한다. 그의 증조부였던 윤선도는 남인으로 노론과 대립각을 세웠는데, 조선 후기 노론이 집권세력이 되자 윤두서의 가문은 집중포화를 맞게 된다. 셋째 형은 당쟁에 휘말려 목숨을 잃었고, 그 자신 역시 역모의 모함을 받는다. 그런 까닭에 명문가의 자제로 태어났으나 윤두서는 일치감치 현실정치에 뜻을 버리고 평생을 학문과 시서화에 매진했다.

윤두서는 조선 풍속화의 선구로 꼽히기도 하지만, 진경산수화의 개척자로도 알려져 있다. 조선 후기 풍속화와 진경산수화는 사실상 같은 맥락에서 일어난 화풍이다. 17세기 중엽 한족이 세운 명나라가 만주족이 세운 청나라에 패권을 빼앗기고 만다. 명과 사대의 관계를 유지해오며 만주족을 오랑캐라고 업신여기던 조선의 입장에서 청나라에 사대한다는 것은 상상할 수 없는 일이었다. 이런 분위기에서 중화(한족)의 문화를 계승한 나라는 조선이라는 '소중화사상'이 태동한다. 소중화사상은 예술 양식에도 일대 변화를 가져온다. 명나라에 사대하던 문화 아래에서는 전방위적으로 중국의 문화를 답습하여 회화에서도 우리의 모습이 아닌 중국의 모습을 그렸다. 산수화는 자연 풍광을 관찰하여 사실적으로 그리는 것이 아니라 마음으로 체득한 산수, 즉 관념산수화가 그려졌는데 그런 산수화 속에 등장하는 자연의 모습은 중국의 자연이었으며, 그림 속에 등장하는 인물들도 중국 고사 속의 인물들이었다. 그러나 조선에 소중화사상이 대두되면서 당대 조선 사대부들은 세상의 중심은 '우리'라는 인식을 싹틔우게 된다. 이 인식의 대전환은 이윽고 사람들의 관심을 우리의 산수, 우리의 문화, 우리 자신에게로 돌리게 만들었다.

그런 맥락에서 1700년대 초가 되자 예술과 문학에서는 바깥의 세상을 사실적으로 표현하자는 사생정신寫生精神이 대두하기 시작했다. 미술에서도 기존의 중국풍 그림에서 벗어나 조선의 산수와 동식물, 조선 사람들의 생생한 삶이 그림의 주제로 그려지기 시작했다. 조선의 산수가 사실적으로 묘사되기 시작했고(진경산수화), 농공상인들, 어린아이들과 여인들의 일상적인 삶(풍속화) 등 이전에는 그림의 주제로 등장할 수 없었던 조선 서민들의 삶이 그림의 주제로 채택되었다. 이러한 변화의 시초를 연 사람이 바로 공재 윤두서였다.

조영석 역시 양반의 신분으로 풍속화를 그렸지만, 그보다 20여 년이나 앞서 조선 풍속화를 개척한 공재의 면모는 확실히 선구적이었다. 이후 김홍도, 신윤복과 같은 중인 계층의 화인들이 조선 풍속화의 정점을 구가하며 풍속화의 완성을 이루어낸다. 다만 이 문화의 대변혁에도 한계는 존재했으니, 양반이 양식의 변화를 선도하고 이후에 중인이나 양인 계층 화인들이 이를 따라간 행보는 문화의 변혁이 아래로부터 이루어진 서구와 비교했을 때 아쉬운 부분이라고 해야 하겠다.

초근목피를 찾아 헤매던
조선의 가난한 여인들

공재는 그리고자 하는 대상을 면밀히 살펴 사실과 맞지 않으면 만족하지 않았다. 다양한 하층민의 삶이 그의 붓끝에서 살아났다. 물론 그의 그림 속 하층민의 삶은 후대의 김홍도나 신윤복의 그림에 비하면 생동감이 넘치기보다는 지나치게 점잖은 느낌을 자아낸다. 당쟁으로 인한 뼈아픈 부침을 겪긴 했지만, 부유한 양반가의 자제로서 먹고사는 문제에 대한 걱정이 없었던 공재는 노동과 생계를 꾸려가는 서민들의 수고로움을 깊게 이해하긴 어려웠을지도 모르겠다. 그의 시서화 능력은 후대로도 이어져 공재의 아들인 윤덕희와 손자 윤용도 뛰어난 화가로서 일가견 있는 실력을 선보였다.

그럼 지금부터는 공재가 그린 풍속화들을 살펴보자. 〈쑥 캐는 여인〉은 공재의 대표적인 풍속화 작품이다. 조선시대에는 남녀가 유별했기에 그림 속에 여성이 주인공으로 등장하는 경우는 드물었다. 그러나 이는 사대부 양반가의 법도였지, 서민층까지 그러했던

윤두서, 《해남윤씨가전고화첩》 중 〈쑥 캐는 여인〉

비단에 수묵, 17세기 말~18세기 초, 해남윤씨 종가 소장, 보물 제481호. 대각
선 구도로 그린 그림 속 여인들은 하얀 두건을 쓰고 치마는 질끈 묶어 나물 캐
기 좋은 복장을 하고 있다. 바구니를 든 여인은 작은 칼을 들고 열심히 쑥을 찾
고 있나 보다. 허리가 아픈지 잠시 허리를 펴고 선 여인은 주변으로 고개를 돌
려 쉬는 중에도 쑥을 찾고 있는 듯하다. 저 여인들 주변으로 부디 쑥이 지천으
로 나 있기를 바라는 마음이다.

◆

윤용, 〈나물 캐는 여인〉

종이에 수묵, 18세기경, 간송미술관. 윤용의 그림은 목판화를 보듯
심플하다. 두건을 쓰고 바구니를 어깨에 멘 채 초미를 들고 뒤돌이
서 있는 여인의 모습이 당당하다. 햇살에 그을린 굵은 장딴지는 여인
의 삶이 얼마나 고단한지를 보여주지만, 쭉 펴고 선 뒷모습이 당당한
것을 보니 가난에도 불구하고 그녀가 앞으로도 열심히 잘 살아가리
라는 든든한 믿음이 생긴다.

것은 아니었다. 실제로 조선 후기의 서민을 그린 풍속화를 보면 요즘의 우리와 별반 다름없이 남녀가 함께 섞여서 살아가는 일상이 묘사되어 있다. 남녀가 서로 발끝도 보이면 안 되던 시절이었지만, 땀 흘려 노동하는 여인네들은 장딴지까지 옷을 걷어붙이고 일을 하고 있는 모습이 풍속화 속에 담겨 있다.

보릿고개를 힘겹게 넘기던 시절, 초봄이 되면 여인네들은 바구니 하나를 들고 산으로 들로 다니며 나물을 캤을 것이다. 쑥을 비롯한 온갖 봄나물들은 가난했던 그 시절 여인네들에게 얼마나 고마운 먹거리였을까? 기근이 심할 때에는 소나무 껍질까지 벗겨 죽처럼 끓여서 먹었다고 하니 당시 가난한 서민들의 삶은 참으로 안쓰러웠다. 요즘이야 어르신들이 재미 삼아 산으로 들로 봄나물을 캐러 다니신다지만, 힘겹던 시절에는 나물 한 줄기가 대가족의 허기진 배를 채우는 중요한 구휼식량이었다.

인상주의 화가들이 포착한
가난한 서민들의 삶

가난한 서민들의 삶은 우리의 그림에만 존재하는 것이 아니다. 서양화 속에 나타나는 가난한 서민들의 삶의 모습도 우리랑 별반 다르지 않아 보인다. 서양도 19세기 들어 미술 양식이 바뀌는 대전

환기를 맞이한다. 신화나 역사화, 초상화처럼 고상한 주제의 그림을 그리던 데에서 현실의 삶과 자연을 그림의 주제로 삼은 사실주의, 자연주의, 인상주의 등 다양한 유파가 등장하게 된 것이다. 사실주의는 말 그대로 주변의 실재하는 자연과 동시대를 살아가는 사람들의 일상의 삶을 그림의 주제로 택함으로써 당시의 사회상을 그대로 드러내고자 한 사조를 말한다. 자연주의와 인상주의는 화실이라는 닫힌 공간이 아니라 자연으로 나아가 햇살 아래에서 자연의 모습과 일상 속 사람들의 모습을 그렸던 화풍이다. 화가들은 밖에서 그림을 그리게 되면서 햇빛에 따라 변하는 색의 변화에 주목했다. 또한 서민들이 살아가는 삶의 터전과 그들의 노동이 그림의 주제로 채택되었다. 이런 이유로 인해 사실주의, 자연주의, 인상주의 사조의 그림들에는 당대의 사회상, 특히 하층민들의 삶의 고단함이 그대로 드러나는 작품이 많았다.

이 시기를 대표하는 화가로 손꼽히는 인물은 프랑스의 화가 장 프랑수아 밀레Jean François Millet이다. 그는 파리 근교의 바르비종에서 자연주의 화풍의 그림을 그렸다. 바르비종에 정착하기 전부터 그는 들판에서 일하는 농부들의 모습에 관심이 많았다. 〈씨 뿌리는 사람〉을 비롯해 일을 마친 후 석양 아래에서 감사 기도를 올리는 농부 부부의 모습을 그린 〈만종〉은 우리에게 잘 알려진 밀레의 대표작이다. 그의 그림 속에는 가난한 농부가 많이 등장한다.

그의 또 다른 대표작인 〈이삭 줍는 여인들〉에는 제목 그대로

장 프랑수아 밀레, 〈이삭 줍는 여인들〉
캔버스에 오일, 1857년, 프랑스 파리 오르세 미술관.

카미유 피사로, 〈나물 뜯는 여인〉(왼쪽)
캔버스에 오일, 1881년, 개인 소장.

카미유 피사로, 〈나물 뜯는 여인들〉(오른쪽)
캔버스에 오일, 1883년, 개인 소장.

추수가 끝난 후 밭에 떨어진 밀 이삭을 줍는 여인들이 등장한다. 두건을 둘러쓴 세 여인은 들판에서 얼마나 오랜 시간 이삭을 주웠는지 얼굴과 손이 새카맣게 그을렸다. 허리를 굽히고 이삭을 줍다 보면 허리가 끊어질 듯 아플 텐데, 하나라도 더 주워 가족들을 먹일 생각에 세 여인은 허리 한 번 펴지 않고 계속 이삭을 줍는다. 뒤에 산처럼 쌓여 있는 밀짚더미에 비하면 여인들의 앞치마 속에 담긴 밀 이삭이 너무 초라해서 마음이 아린다.

카미유 피사로Camille Pissarro의 〈나물 뜯는 여인〉도 가난한 여인네의 모습을 담은 인상주의 화풍의 그림이다. 피사로가 연녹색과 진초록을 많이 사용한 것으로 짐작컨대 이 그림의 배경은 싹이 움트는 봄의 들판 같다. 〈나물 뜯는 여인들〉 속 나물 캐는 여인의 손이 빨갛게 얼어 있는 것을 보아 아직 겨울 추위가 가시지 않은 초봄인 모양이다. 손이 빨갛게 트도록 언 땅의 나물을 어렵사리 캐야만 했던 아낙의 손길이 애잔함을 불러일으킨다.

두건을 쓰고 앞치마를 두른 채 바구니를 하나씩 허리춤에 끼고 들과 산으로 다니며 나물을 뜯던 여인들, 혹은 수확이 끝난 들판에 흩어진 이삭을 줍는 여인들을 보고 있노라면 먹고살기 위한 인간 삶의 수고로움이 그대로 묻어난다. 명화 속에 그려진 신산한 삶을 살아가는 여인네들을 보고 있으면 밥 한 끼의 소중함을 잊고 사는 요즘의 삶이 미안하기만 하다.

내가 선택한 삶에
책임을 진다는 것

　　현대를 살아가는 이들 중에 삶에 피로감을 느끼지 않는 사람이 드물 정도로 오늘날은 '피로사회'가 되었다. 성공을 하여 높은 지위와 부를 누리는 사람이라고 할지라도 급변하는 사회의 속도를 뒤처지지 않고 쫓아가야 한다는 초조함과 미래에 대한 불안감으로 마음의 안락을 누리는 사람이 드물어졌다. 많은 사람들이 단 며칠만이라도 모든 것에서 벗어나 쉬고 싶다는 말을 입버릇처럼 하는 것을 보면 사람들의 피로감이 어느 정도인지 짐작해볼 수 있다.

　　그러나 며칠간의 휴식으로 삶에 대한 근본적인 피로감이 사라지는 것은 아니다. 어떤 사람은 아예 그동안 살아온 삶을 모두 접고 장기간 여행을 다녀온 후 인생을 새롭게 설계하기도 한다. 그런다고 해서 인생의 피로감을 주던 문제들이 해결될까? 조금 적게 벌더라도 자신이 좋아하는 일을 하며 행복하게 살기를 꿈꾸고, 그 꿈을 현실로 가져와 사는 사람들 역시 또다시 삶의 쳇바퀴를 돌다 보면 생각지 못한 또 다른 스트레스 속으로 던져진다.

그러고 보면 피로감도 스트레스도 없는 완전히 행복한 삶의 방식은 없는 것 같다. 삶은 선택의 문제이며, 각각의 선택에는 그에 대한 기회비용과 책임이 따른다는 사실만이 삶의 명백한 진실이리라. 고단한 인생살이를 벗어난 삶에 대한 동경은 비단 오늘날 우리만의 희망은 아니었던 모양이다. 약 1600여 년 전 중국의 학자이자 관료였던 도연명陶淵明의 삶과 그의 삶을 따르고자 했던 후대의 지식인들과 관료들의 삶을 들여다보면 그 시절의 삶 역시 오늘날 우리 못지않게 만만치 않았음을 알 수 있다.

현실 세계와 절연하고
전원의 삶을 택한 도연명

도연명은 남북조 시대로 불리는 중국 역사의 격동기에 동진東晉의 심양군尋陽郡 자상현紫桑縣(지금의 강서성 구강현)에서 태어났다. 이름은 잠潛, 자는 연명淵明 또는 원량元亮이라 했다. 그의 조부와 부친은 모두 벼슬을 했으나 그의 대에 이르러 가세가 기울었다. 도연명은 그의 나이 마흔한 살에 쌀 다섯 말을 받기 위하여 향리의 소인에게 허리를 굽힐 수 없다고 하며 팽택현彭澤縣의 현령을 사직하고 고향으로 돌아간다. 이후 동진 말기에 다시 왕의 부름을 받지만 벼슬길에 나아가지 않았고, 420년 동진이 망하고 송나라가 들어서자 더더욱 관직에는 뜻을 두지 않고 전원생활을 하며 생을 마친 인물이다.

그의 대표적인 작품인 〈귀거래사〉는 그가 관직에서 물러나며 쓴 시이자 퇴관성명서로 세속 세계와의 결별을 다짐하는 글이기도 하다. 도연명은 고향으로 돌아가 농민과 더불어 살았기에 그의 작품에는 다른 선비들의 문학작품에서 보이는 귀족적 유희성 대신, 근원으로 회귀한 자로서 스스로 농사지으며 자연의 순리에 따라 사는 소박함과 순수함이 깃들어 있다. 도연명은 집 주위에 버드나무 다섯 그루를 심고 스스로 '오류선생五柳先生'이라 칭하였다. 세속과 절연하고 자연과 벗 삼으며 평생을 구도하던 그의 삶의 자세가 오롯이 담긴 작명이 아닌가 싶다. 도연명은 세상을 떠한 후 '정절靖節'이란 시호를 받아 '정절선생靖節先生'이라고도 불리었다. 그는 현실에 뿌리를 두며 사회질서를 중시하는 유가의 사상과 자연의 순리에 따르며 개인의 수양을 중시하는 도가의 사상을 조화시켜 자신의 인격과 사상을 성장시켜나갔다. 관직에서 벗어나 자연의 순리에 따르며 자신의 본성을 회복해 근원으로 회귀하고자 했던 그는 달관의 경지로 나아갔다.

그의 시풍은 당나라의 맹호연, 왕유, 유종원 등을 비롯하여 많은 시인들에게 영향을 미쳤다. 양※나라의 소명태자는 역대의 명문을 모아놓은 문집인《문선》의 편찬을 주도하며 그 안에 도연명의 작품 아홉 편을 수록했다. 도연명은 시문뿐만 아니라《오류선생전》과《도화원기》등의 산문으로도 문명을 떨쳤다.

도연명은 당대와 후대의 중국 문학에만 영향을 끼친 것이 아니었다. 도연명이 한반도에 알려진 것은 소명태자의 시문집인《문선》이 삼국시대에 우리에게 전래되면서부터이다. 도연명의 문학과 생애는 우리의 지식인들에게도 큰 영향을 주었다. 왕조가 교체되던 여말선초 시기, 고려에 대한 충절을 끝까지 지키고자 했던 포은 정몽주, 도은 이숭인, 목은 이색과 같은 지식인들은 도연명의 시와 인생에서 깊은 영감을 받았다. 그들은 도연명이 전원으로 돌아간 이후, 왕의 부름을 받고서도 벼슬에 나아가지 않았을 뿐만 아니라 왕조가 교체되고 나서는 더욱 은거하며 살았던 태도를 본받고자 했다. 도연명은 조선 선비들에게도 큰 영향을 미쳤다. 도연명의 〈귀거래사〉는 관리로서 출세가도를 달리던 사람이나, 유배를 떠나 마음이 쓰디쓴 사람이나 모두 좋아했다. 관료로 봉직 중이던 양반들은 스트레스 많은 삶에서 물러나 자연에서의 삶을 꿈꾸며 그의 시를 읊었을 것이다. 출세 길에서 퇴출당해 유배 중이었던 사람들은 이 시를 통해서 마음을 달래며 자기 합리화의 위안을 받았을 것이다. 그렇다면 도연명의 〈귀거래사〉는 과연 어떤 시인지 전문을 살펴보자.

돌아가리!

전원이 황폐해지려 하는데 어떻게 돌아가지 않으리.

내 스스로 정신을 육신의 노예로 만들었던 것을

슬퍼하여 서러워만 할 것인가.

지난 일 탓할 필요 없고 앞으로의 일을

올바르게 할 것을 깨달았도다.

길을 잘못 들었지만 더 멀리 가기 전에,

이제는 옳고 예전은 잘못됐던 것을 알았다.

배가 흔들흔들 가볍게 가고, 바람이 한들한들 옷을 스치는구나.

길손에게 길을 물어 가노라니, 새벽빛 희미한 것이 한스럽구나.

이윽고 대문과 처마가 보이자, 마음이 기쁘고 설렌다.

머슴들이 마중 나오고, 어린 것들이 문에서 기다린다.

세 갈래 길은 잡초 무성하지만,

소나무와 국화는 아직도 살아 있구나.

어린 놈 손잡고 방에 드니, 술 가득한 항아리가 있네.

술병과 술잔을 가져다 혼자 따라 마시며,

뜰의 나뭇가지를 바라보며 웃음 짓노라.

남쪽 창가에 기대어 멋대로 하니,

무릎 겨우 들일 작은 집이 편안하구나.

날마다 동산을 거닐며 즐기리라.

문이야 달렸지만 언제나 닫혀 있겠지.

지팡이에 늙은 몸 의지하며 가다가 쉬고,

때때로 머리 들어 먼 하늘을 바라보리라.

구름이 무심히 산골짜기를 돌아 나오고,

날다 지친 새들이 둥지로 돌아올 줄 안다.

저녁해 어두워지려 할 제,

홀로 선 소나무를 어루만지며 서성거리리.

돌아가리!

사람들과의 교제를 모두 그만두노라.

세상과 나는 인연을 끊었으니,

다시 벼슬길에 올라 무엇을 구하리.

친척들의 정담에 즐거워하고,

금琴을 타고 책 읽으며 시름을 달래리라.

농부가 나에게 봄이 왔다 알려주면,

서쪽 밭으로 가 밭을 갈리라.

혹은 휘장 두른 수레를 부르고,

혹은 한 척의 배를 저으리.

깊은 골짜기의 시냇물을 찾아가고

험한 산을 넘어 언덕을 지나가리라.

나무들은 즐거운 듯 자라나고,

샘물은 졸졸 솟아 흐르리.

만물이 때를 얻어 즐거워하는 것을 부러워하며,

나의 생이 머지않아 끝날 것을 느끼리라.

끝났노라!

이 몸이 세상에 남아 있을 날이 그 얼마이리.

어찌 마음을 대자연의 섭리에 맡기지 않으리.

이제 초조한 마음으로 욕심내어 무엇하리.

부귀는 내가 바라는 것이 아니고,

신선계도 기대할 수 없는 일이다.

좋은 때라 생각되면 혼자 거닐고,

때로는 지팡이 세워 놓고 김을 매리라.

동쪽 언덕에 올라 나직하게 노래하고,

맑은 시냇가에서 시를 지으리.

자연조화를 타고 생명이 끝나는 대로 돌아가리니,

천명을 즐길 뿐 무엇을 의심할 것인가.

_《그림, 문학에 취하다》(고연희 지음. 아트북스. 2011)에서 인용.

    1600여 년 전의 인물이 쓴 시문이지만, 오늘날 피로사회를 살아가는 우리들에게 삶의 의미를 되묻는 것만 같다. 도연명의 〈귀거래사〉가 1600년에 가까운 세월 동안 중국과 조선의 유학자들에게 사랑을 받은 것은 단지 그 시대 사람들이 오늘날의 우리처럼 스트레스 많은 팍팍한 삶을 살아갔기 때문만은 아니다. 시절과 인연이 맞으면 벼슬길로 나아가 국가를 위해 봉사하고, 시절과 인연이 맞지 않으면 은거하여 내 마음을 수행하는 유학자로서의 삶을 살아가는 것이 이상적으로 여겨지던 시대적 가치관에 따라 그의 시문은 후대의 유학자들에게 깊은 울림을 주었다.

시문의 내용에 따르면 도연명은 쥐꼬리만 한 월급을 받기 위해 더 이상 허리를 굽히는 삶은 살지 않겠다는 자유 선언을 하고 과감히 고향으로 돌아간다. 그런데 시의 내용을 그대로 해석해보자면 그에게는 무릎을 겨우 들일 수 있는 정도로 작은 집이기는 하지만 거처할 곳이 있었고 자신을 위해 대신 사사로운 일들을 돌봐줄 머슴도 있었다. 처자와 더불어 살아갈 작은 땅뙈기도 있었던 것으로 보인다. 생존을 위해 남에게 허리를 굽히지 않고 비록 빈한하지만 스스로 노동하여 먹거리를 해결하는 삶, 동시에 자연 속에서 득도의 경지로 나아가고자 했던 그의 삶은 유학자들에게 이상적인 삶으로 비춰졌던 모양이다.

그림의 소재로도 사랑받은
〈귀거래사〉

시대를 초월해 사랑을 받았던 시였던 만큼, 〈귀거래사〉의 내용은 당연히 그림으로도 많이 그려졌다. 조선 후기에는 유학자뿐만 아니라 중인 계층에서도 큰 사랑을 받았다. 조선 후기를 대표하는 풍속화가 김홍도는 도연명이 고향으로 돌아와 집 주위에 버드나무 다섯 그루를 심고 스스로 '오류선생'이라 칭했던 고사를 그림 제목으로 하여 〈오류귀장도〉라는 그림을 그렸다. 19세기의 화가 전기도 〈귀거래도〉를 그리며 그림을 그리게 된 내력을 함께 적어놓았다. 그 기록에 따르면 19세기 중엽 조선 왕실의 어의 이기복이 자리에서 쫓겨나 유배 중일 때 도연명의 〈귀거래사〉를 읽으며 전기에게 그림을 부탁했던 모양이다. 전기의 〈귀거래도〉 오른쪽 끝에는 '석경 어르신(이기복)께서 그리라 하셨다. 계축년(1853년) 여름 음력 사월에 그리다'라고 적혀 있다.

　〈귀거래사〉를 읽다 보면 요즘 시골로 낙향하는 사람이 늘었다는 기사가 떠오른다. 최근 들어 도시의 삶에서 벗어나 농촌에서 새로운 삶을 개척하기 위해 귀농하는 사람들이 많다고 한다. 그러나 요즘의 낙향은 도연명의 그것과는 조금 다르지 않은가 싶다. 도연명과 같이 관료로서의 삶을 내려놓고 유유자적한 삶을 찾아 고향으로 '돌아가는 것'이 아니라, 새로운 삶을 찾아서 '가는' 것이기 때문이다. 성공한 귀농인들의 사례를 보면 내 일이 아니더라도 안도의 숨이 쉬어지지만, 귀농이 성공하지 못하여 더 큰 절망을 하는 사람들의 소식을 접하면 내 마음까지 철렁 내려앉는다. 도연명이 살던 시대나 조선 시대에 비하면 삶의 다양성이 훨씬 늘어났지만 그때나

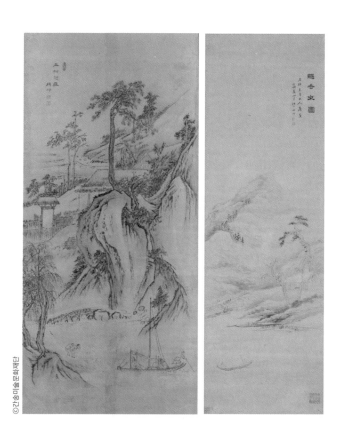

김홍도, 〈고사인물도〉 8폭 병풍 중 〈오류귀장도〉(왼쪽)
종이에 담채, 조선 후기, 간송미술관.

전기, 〈귀거래도〉(오른쪽)
종이에 수묵담채, 1853년, 삼성미술관 Leeum.

지금이나 사람살이는 참으로 쉽지 않다.

삶의 자유와 안락을
꿈꾸는 이들에게

그렇다면 나는 어떻게 살고 있는가? 내 마음은 안녕한가? 다행히 젊은 시절을 통과하며 안분지족하는 삶의 행복을 터득했다. 젊은 시절, 직장 생활을 하는 내내 나는 심리적으로 많이 힘들었다. 겉으로 보기에는 사회생활을 아주 잘하고 있는 듯 보였지만, 내면에서는 자본주의 사회가 요구하는 가치관에 동의할 수 없었다. 그때 스스로의 성향을 믿고 과감하게 삶의 방향 전환을 모색해봤어도 좋았겠지만 용기도 없었고, 내 개성을 펼치며 살아갈 방법도 찾지 못했었다.

그러다가 더 이상 견디지 못하겠는 단계가 찾아왔다. 그 시점이 내 나이 마흔 무렵이었다. 과감하게 직장에 사직을 표명하고 몇 년간 집에서 칩거하며 서양미술사와 한국미술사, 동서양의 건축사 공부에 매진했다. 도슨트 활동을 하던 서울시립미술관과 시민들께 안내봉사활동을 하던 경복궁에 갈 때를 제외한 나머지 시간에는 집에서 책만 읽었다. 많지도 않은 퇴직금을 까먹으며 미래에 대한 계획도 없이 지내는 삶이 굉장히 불안했지만, 더 이상 마음을 거스

르는 일은 하고 싶지 않았다. 그 과정에서 거품이 잔뜩 끼어 있던 내 안의 욕심들도 자연스레 놓아졌다.

무엇보다 내가 좋아하는 일에 집중하자 나의 능력이 발현됨을 느꼈고, 나 자신을 이해하게 되자 나를 비로소 사랑하게 되었다. 주변을 둘러보며 남과 비교하지 않는 것만으로도 정신이 시원하고 마음이 편안해졌다. 도연명이 그랬던 것처럼 나도 더 이상 하고 싶지 않은 일을 내려놓고 나의 근원으로 돌아가 가장 나다운 삶을 살았다. 삶에서 가장 중요한 것이 무엇인지 생각해보며 필요 없는 욕심을 내려놓았고, 계획 없이 시작했지만 하고 싶은 공부를 해나가자 자연스레 새로운 길이 열렸다.

나에게는 도연명처럼 귀거래할 고향이 없다. 그렇다고 해서 내가 특별히 지향하는 이상향도 없다. 단지 현실에 발을 붙이고 나다운 삶을 한 걸음 한 걸음 걸어갈 뿐이다. 그 길에서 마음이 흔들릴 때면 도연명의 〈귀거래사〉 한 자락을 읽으며, 내가 선택한 삶의 방식에 책임을 다할 방법을 고민할 것이다. 그리하여 도연명이 자신의 가치를 지키며 내면의 성장을 도모해나갔던 것처럼 나 역시 나의 생명력과 가치를 믿고 내 방식으로 살아갈 것이다. 그것이 궁극에는 내 삶을 자유와 안락으로 이끌 것이라는 사실을 알기 때문이다.

3장

/

신화

잊고 있던 본성을 깨닫게 하는
스토리텔링의 세계

신화는 '신들의 이야기'라는 외피를 두르고 있지만,
그 안에는 우주와 자연, 인간에 대한 통찰이 녹아 있다.
뿐만 아니라 삶에 대한 상징과 은유로 가득하다.

신화가 장구한 세월 동안 예술 작품 속에서
꾸준히 중요한 테마로 채택되어온 까닭은
인류가 오랜 세월에 걸쳐 쌓아온 경험과 지혜가
스토리텔링의 형태로 녹아 있기 때문이다.

신화를 공부한다는 것은
곧 인간의 마음과 본성에 관해
탐구한다는 것과 같은 말이다.

신화는 우리가 잠시 잊고 있었던
우리 안의 본성을 깨닫게 해주는 이야기의 원형이자
인류가 오랜 세월 축적해온 경험이
고스란히 담긴 지혜의 보고이다.

나는 신화 공부를 하는 동안
자아, 사랑, 우정, 죽음과 같은
인생의 심오한 주제들에 대해
깊이 생각하고 탐구할 수 있었다.

나는 나 자신에게
어떤 사람인가?

동양에서는 지금까지도 '수신제가치국평천하修身齊家治國平天下(나의 내면을 닦고 가정을 잘 다스리며 국가를 통치하여 천하를 평안하게 한다)'라는 가르침이 중요한 덕목으로 언급된다. 수신을 잘하고 제가를 잘하면, 집안일로 신경 쓸 일 없으니 치국에 온전히 힘쓸 수 있을 터이다. 치국이 잘 이루어지면 당연히 천하는 평화로워지지 않겠는가? 그런데 이 가르침 중에서 가장 어려운 덕목을 꼽아보라고 한다면 바로 수신이 아닐까 한다. 수신이 제대로 이루어져야 제가와 치국, 평천하가 가능하다는 것은 수신이 가장 기본이라는 뜻 아니겠는가? 신화 속의 많은 영웅들이 괴물을 처단하기 위해 여정을 떠나 마침내 괴물을 물리치고 돌아와 사람들에게 선을 베풀지만 어느 순간 마음에 자만이 들어서며 자멸해가는 과정을 보면 평생 수신을 한다는 것이 얼마나 어려운 일인지 깨닫게 된다.

제가 역시 수신만큼 중요하다. 대가족 사회였던 과거에 제가가 중요했음은 물론이요, 부부 중심의 가족을 꾸려가는 현대에도 같이 사는 사람의 마음을 헤아리고 신뢰를 쌓는 일이 매우 중요하다. 그렇지 못하면 어느 순간 가정은 와해되고 말기 때문이다. 외부의 적은 뚜렷이 눈에 보이는 대상이니 온 힘을 다해 맞서 싸우다 보면 승리를 쟁취할 수 있지만, 자신의 내면이나 조직 내부의 적은 의식하지 못하는 사이에 삶을 파멸의 길로 몰아간다.

수신과 제가의 삶을 돌아보게 하는
신화 속 최고의 영웅, 헤라클레스

그리스 신화에서 수신과 제가의 삶에 대해 통찰하게 하는 인물로 헤라클레스만 한 영웅이 있을까? 헤라클레스는 세상의 수많은 괴물을 물리쳤던 괴력의 영웅이었지만 부인에게 신뢰를 얻지 못해 죽음에 이르고 말았다. 어떤 이유로 천하의 영웅은 부인으로 인해 죽을 밖에 없었을까? 헤라클레스의 삶을 살펴보자.

헤라클레스는 신 중의 신인 제우스와 인간 여자인 알크메네 사이에서 태어났다. 출생에서 알 수 있듯 그는 반신반인의 영웅이다. 모두가 알다시피 제우스의 부인은 헤라 여신. 남편이 바람 피워 낳은 자식인 헤라클레스가 헤라의 눈에 예쁠 리가 없었다. 헤라는 헤라클레스가 아기일 때부터 평생을 두고 사사건건 그의 앞날을 방해했다. (아이러니하게도 '헤라클레스'라는 이름은 '헤라의 영광'이라는 뜻이다.)

신화에는 대단히 많은 신과 인간이 등장하지만, 헤라클레스처럼 기구한 삶을 살다 간 인물은 없다고 할 정도로 그는 평생 고난의 삶을 살았다. 그중에서도 가장 견디기 힘들었던 고통은 술에 취해 자기 가족을 죽인 일이었다. 물론 헤라의 농간으로 정신착란을 일으켜 벌어진 일이었으나 엄연히 자신이 저지른 사건이었다. 헤라클레스는 자기의 죄를 인정하고 죄를 닦기 위해 미케네의 왕 에우리스테우스에게로 가서 종살이를 했다. 오래전 고대 그리스에서는 자신이 저지른 죄를 씻기 위해 누군가의 종살이를 하는 관습이 있었던 모양이다. 헤라클레스뿐만 아니라 아폴론, 포세이돈 등 여러 신들이 하늘에서 지상으로 귀양살이를 하러 왔다. 이는 우리 설화 속에도 자주 등장하는, 하늘에서 죄를 짓고 지상으로 귀양온 선녀의 스토리와 닮아 있다.

에우리스테우스는 헤라클레스가 누려야 할 영광을 가로챈 인물이다. 물론 이 역시 헤라의 농간에 의한 것이었다. 제우스가 신들 앞에서 곧 태어날 페르세우스의 자손(헤라클레스는 영웅 페르세우스의 혈통이다)이 미케네의 왕이 될 것이라고 선언하자 헤라는 태어나려면 아직 3개월이나 남은 에우리스테우스를 칠삭둥이로 태어나게 함으로써 헤라클레스가 누릴 복을 에우리스테우스에게 몰아주

헤라클레스가 생후 8개월 때, 헤라는 그에게 두 마리의 뱀을 보냈다. 그리하여 눈엣가시였던 헤라클레스를 죽이고자 했으나, 돌이 채 지나지 않은 괴력의 헤라클레스는 두 마리의 뱀을 한 손에 한 마리씩 쥐고는 목 졸라 죽이고 만다. 영웅은 떡잎부터 달랐다.

었다. 당연히 에우리스테우스에게 헤라클레스는 껄끄러울 수밖에 없는 존재였다. 그런 까닭에 에우리스테우스는 종살이를 온 헤라클레스에게 감히 인간이라면 수행할 수 없는 불가능한 일 열두 가지를 부과함으로써 그를 죽이려고 하였다. 이를 두고 헤라클레스의 '열두 가지 고난'이라고 부른다. 그러나 헤라클레스는 제우스의 아들. 신들의 신인 제우스의 혈통이 어디 갈까? 헤라클레스는 불가능하다고 여겨졌던 열두 가지 일을 모두 완수해낸다.

이쯤에서 헤라클레스의 진면목을 드러내는 일화 하나를 짚고 넘어가자. 헤라클레스가 열두 가지 임무를 막 수행하기 시작했을 때의 일이다. 첫 번째 과업인 '네메아의 사자'를 처단하고 아르고스의 집으로 돌아오던 길이었다. 갑자기 두 명의 여인이 헤라클레스 앞에 나타났다. 한 명의 여인은 소박하게 차려 입었지만 왠지 모를 위엄이 흐르는 여인이었고, 다른 한 여인은 화려하고 아름답게 치장했지만 왠지 모를 농염함과 천박함이 흐르는 여인이었다. 두 여인은 헤라클레스에게 자신들 중에 한 명을 선택하라고 했다. 소박하지만 위엄이 님치는 여인은 영광을 성취하지만 고난의 길을 길어아 하는 삶을 제시했다. 농염한 여인은 살아가는 동안 화려하고 향락적인 삶을 누리도록 해줄 테니 자기를 선택하라고 유혹했다. 한 여인은 '미덕'의 상징이요, 다른 한 여인은 '악덕'의 상징이었다. 견딜 수 없는 고난을 겪게 될 것임에도 불구하고 헤라클레스는 미덕의 삶을 선택했다. 잠시 이 대목에 머물며 나에게도 이 두 가지 중 하나를 선택해야 하는 상황이 주어진다면 나는 과연 헤라클레스와 같은 선택을 할 수 있을지 생각해보았다. 그와 같은 선택을 했으리라고 쉽게 장담할 수 없는 일이다.

고난으로 가득했던 삶을
온몸으로 헤치며 이겨내다

헤라클레스에게 닥친 열두 가지 고난은 미케네를 비롯해 그 주변에서 벌어지는 문제를 해결하는 것에서 시작하여 점차 지리적 영역을 넓혀가며 과업이 주어진다. 초기에 주어진 임무로는 사람과 동물을 잡아 죽이는 네메아의 사자와 레르나의 우물가에 살며 물 뜨러 오는 사람들을 죽이는 히드라를 처단하는 일이었다. 그 외에도 아르테미스 여신에게 바쳐진 숲에 사는 사슴을 잡아오라거나, 사람들의 삶에 피해를 주는 멧돼지, 전국을 헤집고 다니며 농사를 망치거나 사람을 공격하는 크레타의 황소, 거대한 괴물 새 등을 처단하라는 명령, 아우게이아스의 외양간을 청소하라거나 디오메데스 왕이 소유한, 사람을 잡아먹는 말을 잡아오라는 명령 등 펠로폰네소스반도 내에서 벌어지는 불미스러운 일들을 해결하라는 명이 주어졌다.

평범한 사람이라면 해결하기 어려운 일들을 헤라클레스가 모두 완수해내자, 에우리스테우스는 더욱 겁을 먹었다. 결국 에우리스테우스는 헤라클레스를 자신의 곁에서 멀리 떨어뜨리고자 그에게 국외로 가야만 하는 임무를 내리기에 이른다. 여전사 아마조네스가 살던 땅으로 추정되는 지금의 흑해 연안 크림반도 부근으로 그를 보내 여전사들의 우두머리인 히폴리테의 허리띠를 가져오라고 하거나, 지금의 스페인 서남해안 지역에 사는 게리온의 소떼를 끌고 오라고도 하고, 또 지금의 이베리아반도로 추정되는 지역에 있던 헤스페리데스의 동산에서 황금사과를 따오라고도 한다. 그것마저도 모두 수행해내자 에우리스테우스는 마침내 죽어야만 갈 수 있는 저승세계에 헤라클레스를 보내어 저승세계의 문 앞을 지키는, 머리가 셋 달린 삼두견 케르베로스를 산 채로 잡아오라는 마지막 임무를 던진다. 저승세계에 속한 개를 데려오라는 의미는 곧 헤라클레스가 죽음을 무릅써야 함을 의미했다.

헤라클레스가 겪은 일련의 고난을 보고 있으면 당시의 세계관을 짐작할 수 있다. 헤라클레스는 자신에게 주어진 과업을 수행하며 당시 사람들이 생각하던 세상의 동쪽 끝에서부터 서쪽 끝까지 유랑했다. 그는 가장 동쪽 끝인 코카서스 산으로 프로메테우스를 만나러 갔다가 다시 길을 돌려 가장 서쪽 끝인 헤스페리데스의 동산까지 가야 하는 험난한 여정을 수행해야 했다. 그렇다면 가장 동쪽 끝에서 다시 가장 서쪽 끝까지 먼 길을 통과하며 수행한 헤라클레스의 열한 번째 과업에 대해 살펴보자. 헤라클레스의 삼촌뻘인 프로메테우스와 아틀라스도 이 과업에 얽혀 있어 흥미진진하다.

우선 부조 작품 〈하늘을 이고 있는 헤라클레스〉를 보자. 이 부조는 헤라클레스의 열두 가지 과업 중 열한 번째 과제를 수행하는 중에 겪은 일을 묘사하고 있다. 이 부조만 보아서는 헤라클레스가 무엇을 하고 있는 모습인지 이해할 수 없다. 사연을 들어보자. 헤라가 제우스와 결혼할 때 대지의 여신 가이아로부터 황금사과나무를 결혼 선물로 받았다. 헤라는 이 나무를 세상의 서쪽 끝에 있는 그녀의 정원에 심어두고 헤스페리데스 자매들과 뱀 라돈에게 지키게 했다.

헤라클레스는 에우리스테우스에게 헤스페리데스의 정원에 있는 황금사과 따오기를 명령받고 과업을 수행하러 길을 나서긴 했지만 헤스페리데스의 정원이 어디에 있는지 알지 못했다. 헤라클레스는 우선 정원이 어디에 있는지부터 알아야 했다. 그 장소를 알기 위해 그는 당대 최고의 현자 중 한 명인 네레우스를 찾아간다. 네레우스는 헤라클레스에게 세상의 동쪽 끝인 코카서스의 절벽에 매달려 있는 프로메테우스를 구해준 다음, 그에게 어떻게 황금사과를 딸 수 있는지 물어보라고 조언해주었다. 헤라클레스는 네레우스의 조언대로 세상의 동쪽 끝에서 벌을 받고 있는 프로메테우스를 만나러 갔고, 마침내 프로메테우스로부터 황금사과나무가 세상의 서쪽 끝에 있다는 정보를 얻었다. 세상의 한쪽 끝에서 다른 한쪽 끝으로 발길을 돌려야 하는 그의 여정이 참으로 험난하다. 헤라클레

〈하늘을 이고 있는 헤라클레스〉
대리석, 기원전 470~460년경, 그리스 올림피아 고고학 박물관.
올림피아의 제우스 신전 메토프 부분에 장식됐던 부조의 일부분이다.

프레더릭 레이턴 경, 〈헤스페리데스의 정원〉
캔버스에 오일, 1892년, 영국 레이디 레버 갤러리.
그림 가운데에 그려진 뱀은 잠을 자지 않고 정원을 지킨다는 '라돈'이다.

스의 이 지난한 여정을 보면서 나는 하나의 경지에 도달하기 위해 먼 길을 돌며 부딪치고 배우는 수행의 여정을 떠올렸다.

여기에서 잠깐 프로메테우스라는 인물의 내력에 대해서도 살펴보자. 프로메테우스는 티탄족으로 제우스와는 사촌지간이며, 아틀라스와는 형제지간이다. 프로메테우스와 아틀라스는 친형제간이지만 티타노마키아Titanomachia라고 불리는 티탄족과 올림포스 신들 사이의 전쟁이 벌어졌을 때 각자 다른 편을 들었다. 티타노마키아는 크로노스로 대표되는 아버지 세대 티탄족에서 제우스로 대표되는 아들 세대인 올림포스 신들로 권력이 세대 교체되는 전쟁이었다.

세력을 지키려는 기득권층과 권력을 쟁취하려는 새로운 세력 간의 권력쟁탈 전쟁은 어느 시대에나 존재했다. 그런데 티탄족이었던 프로메테우스는 자신이 속한 티탄족이 아닌 올림포스 신들 편을 들었다. '미리 보는 자Foresight' 또는 '미리 생각하는 자Forethought'라는 의미를 가진 자신의 이름에 걸맞은 선택이었다. 그는 이미 대세를 예측하고 신흥세력 편에 섰던 것이다. 그의 예측처럼 전쟁의 승리자는 아들 세대인 올림포스 신들이었다. 이후 전쟁에서 패배한 아버지 세대인 티탄족들은 지하의 깊고 깊은 타르타로스에 갇히게 되었다. 다만 프로메테우스는 제우스 편에서 싸운 덕에 타르타로스에 갇히는 벌을 모면했다.

프로메테우스를 제외한 티탄족들은 모두 타르타로스에 갇혔지만 프로메테우스의 형제인 아틀라스는 지하에 갇히는 대신 특별한 벌을 받았다. 힘이라면 세상 누구보다 강했던 그는 제우스로부터 하늘을 떠메고 있으라는 벌을 받았다. 고대 그리스인들은 이미 천체가 둥글다는 사실을 알고 있었다. 아틀라스는 세상의 서쪽 끝, 지금의 스페인이 있는 이베리아반도 부근에서 하늘을 지고 있어야 했다. 고대 그리스 사람들은 세상의 서쪽 끝이 그 부근일 것이라고 생각했다.

티타노마키아가 끝난 후 제우스는 프로메테우스에게 인간을 만들라는 명을 내린다. 제우스의 명을 받들어 프로메테우스는 흙에 물을 섞어 인간을 만든다. 프로메테우스는 인간에게 선물을 건네주고 싶었으나 동생 에피메테우스가 동물들에게 선물을 이미 나눠준 이후였다. 생각 끝에 프로메테우스는 제우스의 번개로부터 불을 훔쳐다 인간에게 주어 인간이 문명을 이룩할 수 있게 도와주었다. 이 일이 제우스의 분노를 불러일으켰고, 프로메테우스는 코카서스의 높은 절벽에 매달려 제우스가 보낸 독수리에게 매일 간을 파 먹히는 혹독한 벌을 받게 되었다. 파먹힌 간은 매일 새롭게 재생되었고, 이튿날이 되면 고통은 다시 시작되었다. 이 무시무시한 벌을 3만 년 동안 받고 있는 중이었다.

코카서스에 도착한 헤라클레스는 자신의 활로 제우스의 독수리를 쏘아 죽이고, 절벽에 매달린 프로메테우스를 풀어주었다. 프로메테우스는 자신을 고통에서 해방시켜준 구원자에게 헤스페리데스의 정원이 어디에 있는지, 황금사과를 어떻게 딸 수 있는지 알려주었다.

헤라클레스는 프로메테우스에게 헤스페리데스의 정원 위치를 확인한 후, 세상의 동쪽 끝에서 다시 서쪽 끝으로 걸음을 옮겼다. 서쪽은 고대 그리스인들에게 이상향으로 여겨지던 장소였다. 헤라 여신의 황금사과나무가 심겨진 헤스페리데스의 정원도 서쪽에 있었고, 제우스의 특별한 신망을 받는 사람들이 죽어서 간다는 천국 엘리시온도 서쪽 끝에 있다고 생각했다. 이 서쪽 끝에서 아틀라스는 영원히 하늘을 지고 있는 벌을 받는 중이었다. 신은 영생하는 존재이니 영원토록 하늘을 지고 있어야 할 아틀라스의 운명은 기구했다. 그런데 이 아틀라스 앞에 어느 날 갑자기 헤라클레스가 나타난 것이다.

헤스페리데스의 정원의 황금사과를 지키는 뱀 라돈이 가진 괴력을 익히 알고 있었던 헤라클레스는 프로메테우스가 가르쳐준 대로 꾀를 내었다. 아틀라스는 황금사과를 지키는 헤스페리데스의 아버지였다. 헤라클레스는 자기가 직접 가도 황금사과를 따올 수 없다는 사실을 알고 아틀라스에게 황금사과를 따다 준다면 그동안 자신이 대신 하늘을 지고 있겠다고 제안했다. 하늘을 지는 고통에서 잠시라도 벗어나고 싶었던 아틀라스는 흔쾌히 제안을 받아들였다. 그리고 큰 어려움 없이 황금사과를 구해왔다. 부조 〈하늘을 이고 있는 헤라클레스〉에 묘사된 장면은 황금사과를 따온 아틀라스가 자기 대신 하늘을 지고 있는 헤라클레스 앞에 서 있는 모습이다.

이 작품에서 하늘을 지고 있는 헤라클레스 뒤편에 한 명의 여인이 서 있는데 그는 바로 아테나 여신이다. 아테나는 수많은 그리스 영웅들의 수호 여신이기도 하다. 그는 헤라클레스가 힘들까 봐 그의 뒤에서 하늘을 살짝 받쳐주고 있다. 아테나는 제우스의 딸이므로 아테나와 헤라클레스는 이복남매 사이이기도 하다.

여기서 잠시 아틀라스의 입장을 생각해보자. 과연 아틀라스는 황금사과를 헤라클레스에게 전해주고 순순히 하늘을 다시 받아들었을까? 아틀라스는 진정으로 하늘을 지는 고통에서 벗어나고 싶었다. 그 마음을 헤라클레스가 모르지 않았다. 헤라클레스는 이 위기를 기지를 발휘해 벗어난다. 하늘을 한쪽 어깨로 오래 지고 있었더니 너무 힘이 들어 다른 쪽으로 바꿔 메고 싶으니 잠시 어깨를 바꿀 동안에만 하늘을 대신 져달라고 아틀라스에게 부탁했다. 아틀라스는 어리석게도 이 말을 곧이곧대로 믿고 하늘을 대신 받아들었다. 그 순간 헤라클레스는 그를 비웃으며 그가 따온 황금사과를 들고 유유히 사라졌다.

헤라클레스를 추앙했던
역사 속 인물들

쉴 틈 없이 열두 가지 고난의 행군을 수행하는 동안 헤라클레

〈파르네세의 아틀라스〉

대리석, 이탈리아 나폴리 국립 고고학 박물관. 그리스 헬레니즘 시기의 조각품을 2세기경 로마 시기에 모각한 작품이다.

스는 얼마나 힘들었을까? 〈지친 헤라클레스〉는 열두 가지 고난을 수행하며 너무도 지쳤을 헤라클레스가 잠시 쉬고 있는 장면을 조각한 작품이다. 이 작품에는 사자 가죽과 몽둥이가 등장한다. 헤라클레스는 첫 번째 과업인 '네메아의 사자'를 퇴치하고 나서 그 가죽을 벗겨서 언제나 머리에 쓰고 다녔다. 또한 네메아의 사자를 잡으러 갈 때 올리브나무의 굵직한 둥치 하나를 잘라 몽둥이로 만들어 갔다. 여기에 연유해서 후대의 예술가들은 작품 속에서 헤라클레스를 형상화할 때, 언제나 사자 가죽과 몽둥이를 지니고 있는 모습으로 그를 묘사했다. 이 작품에서 허리춤 뒤로 숨긴 헤라클레스의 오른손도 주목할 필요가 있다. 그 손 안에 바로 헤스페리데스의 황금사과가 들려 있기 때문이다.

용맹하고 기지가 넘치며 심지 굳었던 그리스 신화 속 헤라클레스는 수많은 황제들에게 인기 있는 캐릭터였다. 알렉산더대왕도 자신의 모습을 사자 가죽을 뒤집어 쓴 헤라클레스의 모습으로 조각하도록 명했고, 로마의 코모두스 황제 역시 자신의 모습을 헤라클레스처럼 묘사했다. 프랑스의 절대왕정을 구가했던 태양왕 루이 14세 시절에 지어진 베르사유 궁 안에도 '헤라클레스의 방'이 있는데, 이 방은 천정이 온통 헤라클레스의 이야기로 꾸며져 있다.

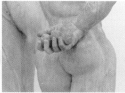

〈지친 헤라클레스〉 조각상

기원전 4세기경에 만들어진 리시포스의 작품을 기원전 1세기경 아테네의 그리콘이 모각한 작품이다. 헤라클레스가 뒤로 숨긴 손안에 쥐고 있는 것이 바로 헤스페리데스의 황금사과 세 알이다.

사자 가죽을 쓰고 몽둥이를 든 코모두스 황제의 설화 석고상

영웅의 비극적 말로와
'어떻게 살 것인가'에 대한 질문

반신반인의 괴력을 지닌 영웅이었지만 헤라클레스의 삶은 어이없이 끝나고 만다. 헤라클레스가 과거에 궁술에서 이기면 자신의 딸 이올레를 아내로 주겠다고 했으나 약속을 지키지 않은 오이칼리아의 왕 에우리토스를 치러 가서 승리한 후 이올레를 생포해오던 길에서 벌어진 일이다. 헤라클레스는 도중에 제우스의 제단에 제물을 바치기 위해 전령을 시켜 자기의 집에 가서 정갈한 옷을 가져오라고 명했다. 이 소식을 전달받은 헤라클레스의 두 번째 부인 데이아네이라는 헤라클레스의 사랑이 이올레에게로 향할 것이 두려웠다. 결국 데이아네이라는 히드라의 독을 묻힌 옷을 헤라클레스에게 보낸다. 이 옷의 사연은 이러하다.

헤라클레스는 열두 가지 과업의 대상 중 하나였던 히드라를 죽인 후, 차후에 쓸 일이 있을까 하여 그의 맹독을 화살에 묻혀 보관해두었다. 히드라의 독은 과연 쓸 데가 있었다. 헤라클레스는 아내 데이아네이라를 납치해서 달아나려는 켄타우로스족 네소스를 이 화살로 쏘아 죽였다. 화살촉에 묻은 히드라의 독이 몸에 퍼져 죽게 된 네소스는 죽어가는 동안 언젠가 헤라클레스에게 복수할 마음으로 데이아네이라에게 이런 말을 전한다. "나의 피에는 식어버린 사랑을 되돌리는 힘이 있으니 당신의 남편이 바람을 피울 때, 내 피를 묻힌 옷을 입히면 남편의 사랑이 당신에게로 다시 돌아올 것이요." 순진한 데이아네이라는 네소스의 말을 사실로 믿고 그의 피를 보관하고 있었다. 데이아네이라는 히드라의 독이 퍼진 네소스의 피를 옷에 묻혀 헤라클레스에게 보낸다. 그 옷을 입은 헤라클레스는 독이 온몸에 퍼져나가 결국 죽음에 이르고 만다.

올림포스 12신과 티탄족이 패권을 놓고 싸우던 무시무시한 전쟁에서도 올림포스 신들이 이기는 데 결정적인 역할을 할 만큼 대단한 영웅이었으나 그의 삶은 이렇게 어처구니없이 끝나고 말았다. 그러나 헤라클레스는 죽음 앞에서도 비굴하지 않았다. 독이 몸에 퍼져나가자 더 이상 살 가망이 없음을 알고 부하들에게 장작더미를 쌓아올리게 하고는 그 위에 올라가 부하들에게 불을 붙이라고 명한 뒤 스스로 생을 마감했다. 헤라클레스의 육신은 장작더미 위에서 불길 속으로 사라졌으나 그가 가진 나머지 반쪽의 신성은 승천하여 신의 반열에 올랐다. 천상에 오른 뒤 헤라클레스는 제우스와 헤라가 낳은 딸이자 자신의 이복 여동생인 청춘의 신 헤베와 결혼해 영생을 얻었을 뿐만 아니라 평생의 고난에 찬 삶을 끝냈다. 자신의 사위가 된 헤라클레스를 헤라도 더 이상 괴롭히지 않았다.

동서고금 남녀노소를 불문하고 헤라클레스는 수많은 사람들로부터 사랑을 받아왔다. 어떠한 고난에도 굴하지 않고 자기 앞에 주어진 운명에 당당히 맞서 극복해나가는 그의 모습에서 많은 사람들이 힘을 얻는 모양이다. 사람은 혼자 살아갈 수 없다. 스스로의 수신도 잘해야 하지만 더불어 살아가는 주변인에게 신뢰를 잃어버리릴 때 삶은 한순간에 무너지기도 한다. 신화 속 영웅들의 죽음을 보고 있노라면 그들의 영웅적 일생과는 달리 죽음은 어이없이 찾아오는 경우가 많다. 고난을 극복한 후에 찾아오는 자만심이나 가정 안의 불화는 천하무적 영웅들의 삶도 한순간에 무너뜨린다. 수신의 끈을 놓치는 순간, 또 제가가 무너지는 순간 바깥의 적보다 강력하고 무서운 내부의 적이 우리의 삶을 무너뜨림을 신화는 우리에게 은유적 화법으로 가르쳐준다. 수신제가치국평천하라고 하지만, 수신제가가 치국평천하보다 더 어려워 보이는 이유이다.

나는 치국할 일도 없을 것이고 평천하할 역량도 없는 사람이지만 세상만사가 수신에서 출발한다는 사실은 알고 있다. 나의 마음을 이해하지 못하고 내 마음을 평정하지 못한 상태에서 삶의 안락을 바랄 수는 없다. 내 마음이 안락하지 못한데 더불어 살아가는 사람들과의 관계가 좋을 리 없다. 나는 마음의 안락을 훼방놓는 어리석음에서 벗어나 세상과 나의 진면목을 알고자 꾸준히 노력해나갈 것이다. 헤라클레스가 열두 가지 고난을 겪으며 괴물들을 물리쳤듯, 마음속의 어리석음이란 괴물들을 물리쳐가면서 말이다.

사랑은 어떻게
사람을 성장시키는가?

 2013년 친구를 통해 캐나다인 한 명을 소개받았다. 매년 방학이면 한국을 방문하는 피아니스트이자 미국의 한 음대에서 피아노과 교수로 재직하고 있는 사람이라고 했다. 2010년 안식년을 맞아 다른 나라에서 시간을 보낼 예정이었던 그는 한국에 살던 미국인 제자의 초대로 잠시 머물다 떠날 계획으로 한국을 방문했다. 그러나 두 달을 머무는 동안 그는 한국에 반해 다른 나라로 가려던 일정을 모두 취소하고 한국에서 10개월을 살았다. 영어를 잘하던 나의 한국인 친구는 자주 가던 빵집에서 그와 종종 마주치면서 대화를 나누게 되었고, 마침내 두 사람은 친구가 되었다. 안식년을 보내고 고국으로 돌아간 그는 이후 매년 여름방학이면 한국을 방문했다. 그러던 차에 친구가 두 사람 모두 예술을 좋아하니 함께

벗하면 잘 통하겠다며 우리 둘을 소개해준 것이다.

　대학 졸업 후 딱히 영어를 쓸 기회가 없었던 나는 어눌하긴 했지만 기본적인 의사소통은 할 수 있었다. 언어가 막힐 때는 그림을 그리기도 하며 클래식 음악과 동서양의 철학과 수학, 과학에 대해 그와 이야기를 나눴다. 그는 어릴 때부터 동양철학에 관심이 많아 불교와 노자의 사상을 다룬 책을 즐겨 읽었다고 했다. 미국에서 일상생활을 할 때에도 좌식 생활과 입식 생활을 겸하고 있다고 했고, 집에서 신발을 신고 사는 대부분의 서양인들과 달리 그는 집에서는 신을 벗고 산다고 했다. 한국에 오기 전부터 냉장고에서 김치가 떨어진 적이 없었다고도 했다. 동양의 문화를 삶 속에 들여놓고 살던 그와는 반대로 나는 서양의 클래식 음악을 즐겨 들었고, 그리스 신화와 그리스 고전, 서양미술사와 와인 등 서양 문화에 관심을 가지고 공부를 해왔다.

　서양인이라고 하기에는 지극히 동양적인 그와 동양인이라고 하기에는 조금 서구적인 나 사이에는 공통분모가 꽤 많았다. 무엇보다 서로의 예민한 감성에 대해 이해하고 존중한다는 점이 우리 두 사람의 관계에 있어 큰 장점이었다. 그렇게 우리는 자연스레 가까워지며 결혼을 하게 되었고, 이후 나는 미국으로 이주해 살게 되었다. 중년의 나이에 시작된 사랑은 나를 다른 세상으로 이끌어주었다.

에로스의 화살, 사랑의 시작

그리스 신화에서는 서로 다른 두 사람이 사랑에 빠지는 이유를 에로스가 쏜 화살에 맞았기 때문이라고 설명한다. 에로스는 아프로디테의 아들로 언제나 엄마의 치맛자락을 잡고 다니며 작은 화살로 장난을 치는 귀여운 악동으로 묘사된다. 엄마가 시키면 시키는 대로 누군가에게 화살을 쏘기도 하고, 에로스 자신이 장난으로 누군가에게 화살을 날리기도 한다. 문제는 에로스가 두 사람에게 사랑의 화살을 날릴 때 그들의 입장을 고려해 화살을 쏘지 않는다는 데 있었다. 신화 속에서는 에로스가 사랑해서는 안 될 상대에게 화살을 쏘아 인류를 저버리게 만들기도 하고, 화살을 잘못 날려 한쪽은 열렬히 구애를 하는데, 상대는 죽어라 도망가는 상황이 벌어지기도 한다.

그런데 왜 고대 그리스인들은 사람이 사랑에 빠지게 되는 계기를 화살에 맞는 것으로 상상했을까? 아마도 전쟁터의 화살처럼 언제, 어느 방향에서 누가 쏘는지도 모르게 난데없이 날아와 내 가슴에 박혀 지독한 고통과 열병에 빠지게 되는 사랑의 감정을 화살에 맞는 것으로 은유적으로 표현한 것이 아닐까? 그렇게 에로스는 신과 사람의 마음에 사랑의 불길을 당긴다. 그렇다면 다른 이들의 사랑에 관여하기만 하던 에로스가 스스로 사랑에 빠져본 적은 없었을까?

〈에로스와 프시케의 결혼〉

1773년경, 웨지우드 도자기 회사의 작품. 사랑의 횃불을 떨쳐든 에로스의 손에 이끌려 프시케와 에로스가 베일로 눈을 가린 채 결혼식을 치르고 있다. 그런데 저 사랑의 횃불이 꺼지거나 두 사람이 맞잡은 손을 놓게 되면 어떻게 될까?

———— ◈ ————

에드워드 번 존스, 〈프시케의 결혼〉

캔버스에 오일, 1895년, 벨기에 왕립 미술관. 괴물과 결혼하는 줄로 알고 결혼
식장으로 향하는 프시케와 가족의 표정이 죽으러 가는 사람들처럼 어둡다.

물론 있다. 에로스는 슬프고도 가슴 아픈 사랑을 경험했다. 그 사랑을 통해 에로스는 천진한 장난꾸러기 아이에서 사랑이 무엇인지 아는 성인으로 거듭난다. 에로스를 성장시킨 사랑의 주인공은 프시케라는 소녀였다.

프시케는 얼마나 아름다웠던지 그 소문이 에로스의 모친이자 미의 여신인 아프로디테의 귀에까지 들어갔다. 프시케의 미모에 대한 세간의 칭송은 마침내 아프로디테의 심기를 건드리고 말았다. 심사가 꼬인 아프로디테는 아들 에로스에게 심부름을 시켜 프시케에게 화살을 쏘게 했다. 그런데 화살을 날리려던 에로스가 화살을 잘못 건드리는 바람에 자신의 화살에 찔려버리는 일이 발생하고 만다. 사랑의 화살에 찔린 순간, 에로스는 프시케를 보았고 이내 그녀를 사랑하게 되었다.

한편 아프로디테의 미움을 사 인간 남자와는 결혼하지 못하고 괴물과 결혼하게 되리라는 신탁을 받은 프시케는 괴물이 산다는 산으로 올라가 신랑이 누군지도 모른 채 결혼식을 치른다. 결혼 후 남편은 밤에만 프시케를 찾아와서 같이 동침을 하고 아침이면 그녀를 홀연히 떠났다. 자신의 얼굴은 절대 보아서는 안 된다는 경고와 함께 그는 계속 밤에만 찾아왔다.

믿음이 깨진 사랑의 위기,
그리고 위기의 극복

그러던 어느 날, 시집간 동생이 어찌 사나 궁금하여 동생을 보러온 두 언니는 궁전에서 화려한 인생을 살고 있는 동생 프시케에게 질투를 느끼고 동생을 꼬드긴다. 남편이 괴물이라는 사실을 잊지 말라는 조언과 함께 밤에 남편 얼굴을 몰래 한 번 보라며 동생의 마음을 들쑤셔놓고 두 언니는 돌아갔다. 두 언니의 쏘삭거림에 넘어간 프시케는 밤에 자신을 찾아온 남편의 얼굴을 보고야 만다. 그런데 놀랍게도 괴물이라던 남편은 훤칠한 귀공자의 용모를 하고 있었다. 프시케는 남편의 얼굴을 더 자세히 보고 싶었다. 조심스레 등잔을 남편 얼굴에 가까이 갖다 댄 순간, 등잔의 기름 한 방울이 에로스의 어깨 위로 떨어지고 말았다. "너는 나를 믿지 못하였구나! 남편의 경고보다 언니들의 부추김에 더 마음이 동하였더냐? 내 사랑에 의심을 품었더냐?" 놀라서 잠에서 깬 에로스는 자신의 경고를 무시한 프시케를 원망하며 떠나고 만다.

그가 떠나고 나서야 뒤늦게 자신이 진정으로 남편을 사랑한다는 사실을 깨달은 프시케는 남편을 되찾기 위해 온갖 노력을 기울인다. 이미 떠난 남편의 마음을 어떻게 되돌릴 수 있을까? 프시케는 시어머니 아프로디테를 찾아가 남편을 되찾을 수 있도록 도움을 청했지만 처음부터 프시케가 탐탁지 않았던 미의 여신은 프시

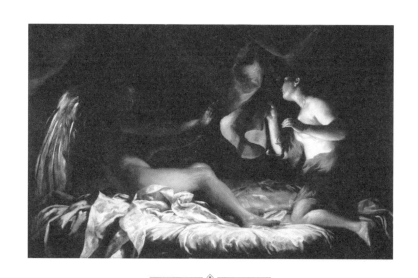

주세폐 마리아 크레스피, 〈에로스와 프시케〉
캔버스에 오일, 1707~1709년, 이탈리아 피렌체 우피치 미술관.

케에게 온갖 불가능한 과제들을 부과한다. 다행히 프시케의 진심을 알고 그녀를 가엾게 여긴 올림포스의 신들이 그녀를 돕는다.

이런 상황이 영 마뜩치 않았던 아프로디테는 마지막으로 죽음의 세계의 여왕인 페르세포네에게 프시케를 심부름 보낸다. 프시케를 영영 되돌아오지 못하게 하려는 의도였다. 죽음의 세계까지 내려간 프시케는 페르세포네로부터 황금상자 하나를 받아든다. 절대로 상자를 열어보지 말라는 엄명과 함께 이 상자를 아프로디테에게 전달하라는 지시를 받은 프시케. 그러나 다시 이승으로 돌아오는 중에 호기심을 견디지 못한 프시케는 급기야 황금상자를 열어보고 만다. 그 안에는 죽음의 잠이 들어 있었으니, 프시케는 이내 죽음과 같은 깊은 잠에 빠져들고 말았다.

불행 중 다행으로 마침 주변을 지나던 에로스가 잠에 빠진 프시케를 발견한다. 사랑하는 이의 배신에 깊은 상처를 입은 에로스는 자신의 마음을 되돌리기 위해 죽음의 세계까지 다녀온 그녀의 진심을 알게 되고, 마침내 프시케의 사랑을 받아들인다. 어머니 아프로디테도 설득하여 다시 프시케와 행복한 삶을 누리게 된다.

프시케는 죽음조차 초월하는 고난을 극복하고 나서야 진정한 사랑을 되찾을 수 있었다. 프시케는 그리스어로 '나비'라는 뜻으로 '영혼'이라는 의미로도 쓰인다. 그런 까닭에 서양의 미술 작품들 속에는 프시케를 나비와 함께 묘사한 작품들이 많다. 그리스 신화 속에서 장난스러운 사랑이자 육체적인 사랑을 상징하던 에로스도 깊

---◆---

존 윌리엄 워터하우스, 〈황금상자를 열고 있는 프시케〉(왼쪽)
캔버스에 오일, 1903년, 개인 소장.

안토니 반 다이크, 〈큐피드와 사이키〉(오른쪽)
캔버스에 오일, 1639~1640년, 영국 왕실 컬렉션.
큐피드와 사이키는 에로스와 프시케의 로마식 이름이다.

———◈———

베르텔 토르발센, 〈프시케〉(왼쪽)

대리석, 1806년, 덴마크 코펜하겐 토르발센 미술관.

〈파르네세의 에로스〉(오른쪽)

기원전 4세기경 그리스의 조각가 프락시텔레스가 테스피아이에 세우기 위해 조각한 거대한 에로스 상을 폼페이 대리석으로 복제한 작품이다. 사랑의 배신으로 깊은 상처를 받은 에로스의 모습을 묘사한 것일까? 표정이 대단히 슬퍼 보인다. 진정한 사랑이 무엇인지 깨달은 에로스는 어린아이에서 성인으로 거듭난다. 진정한 사랑은 우리의 영혼을 성숙시킨다.

은 마음의 고통을 겪고 나서야 영혼의 사랑을 깨닫게 된다. 에로스와 프시케의 사랑은 에로스와 프시케, 즉 육체와 영혼이 함께할 때에 비로소 사랑이 완성됨을 보여주는 한 편의 아름다운 이야기이다.

사람을 성장시키는
사랑에 대하여

다시 나의 사랑으로 되돌아와 생각해본다. 결혼 전 한 가지 어려운 질문을 그에게 던졌다. 나는 결혼해도 나만의 시간이 필요한 사람인데 이 부분을 배려해줄 수 있겠느냐고. 남편은 먼저 그 이야기를 꺼내줘서 오히려 고맙다고 대답했다. 그리고 자기도 자신만의 시간이 필요한 사람이라고 응답했다. 우리는 오랫동안 혼자의 삶을 살아온 사람들이라 결혼을 하고 상대방에게 매여 사는 삶은 서로에게 득보다 실이 많으리라는 사실을 잘 알고 있었다. 우리는 각자의 개성을 최대한 존중하며 결혼 생활을 해나가자고 약속했다.

결혼 후 우리는 '따로 또 같이'라는 방식으로 살아간다. 남편이 출근한 후 집안일을 끝내고 나면 나는 나만의 시간을 갖는다. 책을 읽고 글을 쓰거나 관심 분야에 대한 공부를 한다. 남편이 퇴근한 후에는 저녁을 함께 만들며 그날의 일을 이야기하고, 식사를 하며 이런저런 주제로 대화를 이어나간다. 그 소통의 시간이 즐거워 어떤 때는 두어 시간을 넘기기도 한다. 그러고 나면 남편은 가까운 펍이나 카페에 가서 혼자 쉬다가 돌아온다. 특별한 일이 없으면 집에 있는 것을 좋아하는 나와는 반대로 남편은 쉴 때도 밖에 나가서 쉬다 오는 것을 좋아한다. (물론 코로나19가 발생한 이후로는 밖에 나가지 않고 대부분의 시간을 집에서 보낸다.)

남편은 평소에는 소박하고 조용한 사람이지만 음악 앞에서는 철저하고 예민한 사람이다. 특히 음악회를 앞두고는 말이 없어지며 자기 세계로 빠져드는 사람이기에 나는 최대한 그를 혼자 있게 두고 옆에서 지켜보며 필요한 것만 챙겨준다. 남편 역시 내가 하고 싶어 하는 일이 있으면 적극적으로 지원해주고 도와주려 한다. 우리는 서로에게 최대한의 자유를 부여하며 더불어 성장하는 삶을 살아가고 있다. 나는 이런 나의 사랑에 만족한다. 나를 있는 그대로 인정하고 사랑해주는 남편에 대해 감사하는 마음으로 살아간다. 나 역시 남편의 있는 그대로의 모습을 존중하고 사랑한다.

그리스 시대의 에로스는 비단 사람 사이의 사랑만을 의미하지 않았다. 사랑의 대상은 학문일 수도, 예술일 수도 있었다. 자신이 열정을 느끼는 대상이라면 무엇이든 사랑의 대상이 될 수 있었다. 사랑의 대상이 어떤 것이든 영혼 깊이 그 사람을 느낄 때까지 거쳐야 할 과정이 쉽지 않다. 프시케가 온갖 고난을 겪으면서도 자기의 사랑에 대한 믿음을 확고히 해나가자 에로스를 다시 되찾은 것처럼, 진정한 사랑을 쟁취하기 위해서는 대상에 대한 견고한 믿음과 확신을 가지고 노력해나가야 함을 신화 속 이야기를 통해 새삼 깨닫는다. 마침내 프시케는 사랑을 통해 영혼의 성숙을 이룩해냈고, 에로스 역시 자기 내면의 깊은 사랑을 깨닫는 순간 더 이상 꼬마 악동이 아니라 성숙한 성인으로 거듭났다.

지금 당신 곁에는 당신의 영혼을 성장시켜줄 사랑의 대상이 있는가? 그 대상이 사람이든 학문이든, 예술이든, 취미 활동이든 당신의 에로스를 불태워 성장하는 삶을 살아가시길 진심으로 빌어드린다.

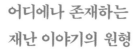

어디에나 존재하는
재난 이야기의 원형

과학기술의 시대인 현대에도 자연재해는 여전히 극복하기 어려운 커다란 난제이다. 거대한 쓰나미에 자연과 도시가 파괴되기도 하고, 예고 없이 분출한 화산에 도시 전체가 화산재에 뒤덮이는 일이 현대에도 여전히 벌어진다. 그뿐인가. 갑작스러운 지진으로 수많은 사람이 사망한 소식을 전하는 해외 토픽들도 왕왕 접한다. 이런 사건들이 벌어질 때면 뉴스에서는 재해의 원인을 과학적으로 분석하여 보도하지만 사후약방문이다. 발달된 과학기술로 무장한 현대인들도 거대한 자연재해 앞에서는 속수무책으로 당하는데, 자연현상을 과학적으로 이해하지 못했던 과거의 사람들에게 자연재해는 얼마나 큰 공포의 대상이었을까? 그 때문인지 전 세계의 많은 지역에서는 대홍수 서사와 같은 재난과 관련한 이야기들이 신화의 형식을 빌려

전승되고 있다.

대홍수 이야기는
어떻게 만들어졌을까?

그리스 신화에는 오만해진 인간들이 신을 제대로 섬기지 않고 타락해가자 제우스가 신실한 한 쌍의 부부만 제외하고는 모두 대홍수로 쓸어버리는 이야기가 나온다. 성경에도 여호와께서 어지러운 인간 세상을 정리하고자 노아에게 방주를 만들라 명한 후 대홍수를 일으켜 이 세상을 일시에 정리하는 이야기가 등장한다. 그리스 신화와 성경에 담긴 대홍수 이야기는 대단히 흡사하다. 이런 대홍수 이야기는 두 문명권에서만 발견되는 것은 아니다. 인류 최초의 문명이라는 수메르 문명을 비롯하여 이집트와 중국 등 고대의 여러 나라 신화에도 비슷한 내용의 대홍수 서사가 존재한다.

나는 신화나 구전설화 속의 이야기들이 순수하게 인간의 상상력으로만 창작되었다고 생각하지 않는다. 과거의 언젠가 실제로 경험했던 일이 구전되는 과정에서 이야기가 점점 보태어져 신화나 전설, 설화가 만들어졌으리라고 생각한다. 그렇다면 대홍수 서사의 발단이 된 인류의 경험은 무엇이었을까?

인류 문명사를 공부하다 보면 급격한 변화나 비약이 일어나는 시점이 있었다. 서양미술사를 공부할 때, 그런 시점들은 각 시대별 연결고리가 잘 맞춰지지 않는 느낌을 받은 적이 자주 있었다. 구석기 시대의 동굴벽화처럼 생생한 사실적 그림이 신석기 시대가 되면서 왜 갑자기 추상적으로 변했는지, 찬란했던 크레타 섬의 미노아 문명과 유럽의 여신 문화가 왜 돌연 사라져버렸는지, 왜 갑자기 유목생활을 하는 전사 집단이 등장하여 중남동 아시아와 유럽의 문화를 바꾸어놓았는지, 남아 있는 유물만으로는 도저히 새로운 양식의 출현을 이해하기 어려울 때가 있었다.

그러한 변화를 설명할 때 대부분의 미술사나 예술사, 미학 서적에서는 지구환경의 변화에 대해서는 언급하지 않았다. 사회학이나 철학 등 여타의 인문학 서적에서도 지구의 기후변화가 인류 문명과 사고의 변화에 얼마나 중요한 요인이었는지 소상히 설명하지는 않는다. 그러나 인간이 터를 잡고 살아가는 지구의 환경 변화가 인간사에 초래하는 막대한 영향 관계를 쏙 빼버리고, 인간의 행동만 들여다보고 있어 봐야 해답이 나오지 않는다. 어느 날 생각이 거기에 미치자 나는 기후학과 관련한 자료를 찾아보게 되었다. 브라이언 M. 페이건Brian M. Fagan의 《기후, 문명의 지도를 바꾸다》(남경태 옮김, 예지출판사, 2013)는 그 과정에서 발견하게 된 보석 같은 책이었다.

브라이언 M. 페이건은 선사학 분야의 세계적인 학자로 꼽히는 고고학자이다. 그 역시 나처럼 문명의 급격한 변화의 이유가 궁금했다고 한다. 그러나 문명의 급격한 변화의 원인이 기후변화 때문이라는 주장은 이성을 중시하고 인간의 능력으로 자연환경을 극복할 수 있다고 생각한 서양 문명권에서는 쉽게 떠올릴 수 없는 가설이었던 모양이다. 그의 책을 읽어보면 자신도 문명의 급격한 변화를 가져온 근본적인 이유가 궁금했지만 그것에 대한 제대로 된 설명을 보지 못했다고 토로한다. 그는 거듭된 연구 끝에 마침내 문명의 급격한 변화는 지구의 기후변화에서 기인함을 알았다고 말한다.

페이건의 책은 처음부터 끝까지 오직 기후 이야기만 한다. 기후변화가 미술사나 문명사가 급변하는 이유와 어떤 관련이 있는지 궁금했던 내 입장에서는 이 책을 읽어내기가 여간 곤혹스러운 일이 아니었다. 그래서 역으로 미술사와 문명사에서 급격한 변화가 일어난 시기에 해당하는 부분을 그의 책에서 찾아 읽는 식의 발췌 독법으로 기후변화와 문명의 급격한 변화의 상관관계를 확인해나갔다. 덕분에 자연환경의 변화가 인류의 지성사와 문명사의 변화에 얼마나 핵심적인 원인이었는지 확인할 수 있었다. 그의 책을 읽고 나자 지구에 불어닥친 기후변화와 미술사의 변혁기 사이의 상호관련성이 보이기 시작했다. 여기에서 몇 가지 사례를 소개해보겠다.

마지막 빙하기가 끝나가며 지구가 점차 온난해지자 인류는 농경을 시작하였다. 이로써 사냥과 채집 생활로 살아가던 구석기 시대에서 농경을 기본으로 한 신석기 시대로 접어들게 되었다. 이제 인류에게는 농작물의 수확을 증대하기 위해 언제 파종하고 언제 수확해야 하는지와 같은 자연에 대한 지식이 필요해졌다. 인류는 계절의 순환을 파악하고자 하늘의 별자리를 관찰하기 시작했다. 그 과정에서 자연현상이 가진 주기적 순환성과 언제 다시 같은 현상이 되풀이될 것인지에 대한 이해가 발달해갔다. 사냥을 하기 위해 동물을 주의 깊게 관찰하던 능력에서 이제는 자연의 순환과 시간을 인식하는 추상 능력이 중요해졌다. 이러한 변화는 예술에서도 변화를 초래했다. 구석기 시대의 동굴벽화에 그려진 사실적 그림에서 신석기 시대의 추상적 그림으로 바뀐 까닭이 여기에 있었다.

선사 시대의 여신 문화가 사라져버린 것도 기후변화와 관계가 있었다. 현재의 러시아 남부 지역에 살던 유목 전사 민족이 환경의 변화로 인해 유목 생활이 어려워지자 기원전 4천 년경부터 천 년 주기로 남하하기 시작하였다. 그 과정에서 이들은 현재의 중동과 인도권역, 그리고 유럽에서 여신을 숭배하며 살던 농경 정착민 문화를 남신 중심의 가부장적 문화로 바꾸어놓으며 문화와 예술에 커다란 변화를 초래하였다. 또 기원전 1500년경 테라(지금의 산토리니) 섬의 갑작스러운 화산 폭발과 그로 인한 엄청난 쓰나미가 크레타 섬을 덮치며 미노아 문명이 갑자기 붕괴하고 말았다. 그로 인해 크레타 섬에 남아 있던 유럽의 마지막 여신 문화는 사라져버렸다.

페이건의 책을 읽어가는 중에 얻은 또 하나의 소득이라면 내가 오랫동안 의문을 품어왔던 대홍수 서사의 기원을 그의 책에서 발견하였다는 것이다. 대홍수 서사에 관한 페이건의 분석은 이렇다.

그리스 신화 및 고대 그리스의 문명에 대해 공부를 하다 보면 당시 그리스인들이 생각했던 세계의 모습이 자주 언급된다. 그들은 거대한 땅덩어리가 바다 위에 떠 있는 모습으로 세계를 상상했는데, 고대인들이 생각하는 세계의 영역은 지금과는 대단히 달랐다. 고대인들은 지금의 스페인과 포르투갈이 있는 이베리아반도를 서쪽 끝으로, 이집트와 리비아가 있는 지역을 남쪽 끝으로, 지금의 인도 땅을 동쪽 끝으로, 흑해 연안을 북쪽 끝으로 인식했다. 이것이 그들이 생각하는 세상의 전부였다.

오늘날 우리가 알고 있는 대홍수 서사가 연원한 곳은 지금의 흑해 지역이다. 고대 그리스인들이 그려놓은 지도를 살펴보면 지금의 흑해를 '에욱시네 바다'라고 표현하고 있는데, 로마 시대에 작성된 지도에도 여전히 같은 이름으로 표기되어 있다. 이 에욱시네 바다에서 '대홍수'라고 표현할 수 있는 대사건이 벌어진다. 그에 관한 내용이 《기후, 문명의 지도를 바꾸다》에 상세히 나오는데 그 이야기를 이해하기 쉽게 압축하여 정리하면 다음과 같다.

빙하기가 끝나가며 빙하가 점차 북쪽으로 물러나자 빙하의 무게로 움푹 패였던 장소에 빙하 녹은 물이 흘러들기 시작하며 에욱시네 호수(지금의 흑해)가 이루어졌다. 빙하기가 서서히 끝이 나며 2천 년 동안 빙하 녹은 물은 이 호수를 거쳐 지금의 보스포루스 해협을 거쳐 지중해로 빠져나갔다. 영거 드라이아이스기가 되자 호수로 흘러드는 물의 유입은 그쳤으나 이번에는 호수에서 증발되는 물의 양이 유입량보다 늘어나며 호수의 수위가 내려가기 시작했다. 마침내 호수의 수위는 지중해보다 150미터나 낮아졌다. 호수의 수위가 내려가자 사람들은 호수 주변의 비옥한 토양에 토착 밀을 비롯한 각종 곡식을 경작했고, 얕은 물에는 물고기가 풍부했다. 호숫물은 염도가 낮아 동물과 인간들이 그 물을 마셨다. 그러나 빙하 녹은 물이 유입된 지중해의 수위는 계속 상승하여 기원전 5600년경 지중해의 물이 마르마라해를 역류하여 들어오며 수위가 낮은 에욱시네 호수 안으로 폭포수처럼 쏟아져 들어오기 시작했다. 마침내 물은 시속 90킬로미터가 넘는 격류로 변했다. 호수 유역의 비옥한 삼각주와 주변은 이내 물 밑으로 가라앉았다. 세계 최대의 민물호수는 하루 평균 15센티미터씩 수위가 상승했다. 2년이 지나자 한때 에욱시네 호수였던 곳은 지중해와 같은 수위가 되어 지금과 같은 흑해를 이루었다.

_《기후, 문명의 지도를 바꾸다》, 172~173쪽 참조.

페이건에 따르면 한때 민물호수였던 에욱시네 호수의 수위와 주변 바다의 해수면의 높낮이 차이가 상당히 벌어졌음을 알 수 있다. 빙하기가 끝나가자 빙하가 녹아 늘어난 엄청난 수량은 지중해의 해수면을 높였고, 이 물은 해수면이 낮은 지역인 에욱시네 호수로 역류하며 폭포수처럼 쏟아져 들어갔다. 그 주변의 비옥한 대지에 터를 잡고 삶을 꾸려온 수많은 사람들에게 그 물의 흐름은 엄청난 재앙일 수밖에 없었을 터이다. 시속 90킬로미터에 달하는 유

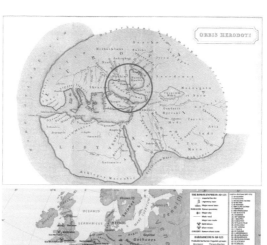

대홍수가 일어났던 에욱시네 바다

위의 그림은 신화 속 세계관에 근거해 그린 상상의 지도로 지금의 흑해 부분을 '에욱시네 바다Pontus Euxinus'라고 표기했다. 아래의 그림은 125년 로마제국의 영역을 표시한 지도로 오늘날 흑해 지역이 '에욱시네 바다'라고 명명되어 있다.

속은 사람들이 일군 삶의 터전을 급속히 휩쓸어버렸을 것이다.

대홍수 이야기 속에 담긴
고대의 자연재해와 그로 인한 공포

하루에 15센티미터씩 호수의 수면이 높아진 상황을 오늘날의 맨해튼 면적으로 환산하면 매일 1킬로미터의 높이로 물이 차오른 것에 해당한다고 한다. 수치만 보아도 당시 사람들이 느꼈을 공포가 어느 정도였을지 짐작이 된다. 대홍수 장면을 묘사한 수많은 그림들 속에 가득한 공포의 분위기가 전혀 과장된 것이 아님을 페이건의 글을 통해 그대로 느낄 수 있었다.

우리에게 가장 잘 알려진 대홍수 그림은 미켈란젤로가 시스티나 성당 천장에 그린 그림 속의 대홍수 장면일 것이다. 페이건이 책에서 묘사한 것처럼 "폭풍과 평소보다 강한 바람이 불고" 물은 시속 90킬로미터의 속도로 흘러 들어와 순식간에 삶의 터전을 위협하는데 그 순간 어느 누가 생명을 보존할 수 있었을까? 방주에 타지 못한 사람들은 작은 배에 몰려들고, 일부는 높은 언덕으로 몸을 피하고자 했겠으나 끝내 그들은 살아남지 못했을 것이다.

노아의 방주가 대홍수가 끝난 후에 정박했다는 아라라트산은 흑해에서 멀지 않은 곳에 위치한다. 실제로 노아의 방주로 추정되

미켈란젤로, 〈시스티나 성당 천장화〉 중 〈대홍수〉 부분
프레스코화, 1508~1512년경, 이탈리아 로마 바티칸 궁전 시스티나 성당.

---◇---

사진에서 붉은색으로 표시된 부분이 아라라트산이 위치한 지점이다. 아라라트산은 해발 5천 미터가 넘는데, 방주가 이 산꼭대기에 걸려서 멈췄다는 것은 아라라트산이 잠길 만큼 엄청난 규모의 대홍수가 일어났다는 의미이다. 성경에 따르면 홍수가 멈추자 방주에서 나온 노아가 처음으로 한 일이 포도나무를 심는 것이었는데, 실재로 포도나무의 원산지 역시 이 부근이다.

는 배의 파편이 터키 동부 끝에 위치한 아라라트산 산꼭대기에서 발견되어 화제에 오르기도 했다. 학계에서는 그것이 실제 노아의 방주인지 아닌지에 관해 아직까지 결론이 나지 않은 모양이지만, 이런 연구를 하는 사람들이 있다는 사실은 성경이나 신화 속의 사건들을 허구의 이야기가 아니라 실재했던 일로 생각하는 사람들이 많다는 방증이 아닐까?

미국의 비교신화학자 조지프 캠벨은 대홍수 서사에 대해 페이건과 다른 의견을 내놓는다. 캠벨은 기원전 1500년경 일어난 테라 섬의 화산 폭발이 300미터 높이의 어마어마한 쓰나미를 일으키며 이집트와 지중해 동쪽의 도시에 밀려들어 홍수를 일으켰을 것이라고 추측한다. 테라 섬은 오늘날의 그리스 산토리니 섬인데, 그때의 충격으로 산토리니 섬은 가운데 부분이 바다 밑으로 내려앉아버려서 현재처럼 말굽형 모습을 하게 되었다. 캠벨은 그때의 끔찍한 충격이 대홍수 신화를 만들어냈을 것이라고 말한다.

대홍수 신화는 인간이 경험한 자연에 대한 가공할 두려움과 기억이 무의식에 내재화되어 전 세계 곳곳에서 발견되는 것이 아닐까? 신화학자 정재서 교수는 저서 《산해경과 한국 문화》(민음사, 2019)에서 "기억은 사후성事後性의 작용에 의해 변형될 수 있으므로 역사적 팩트와는 거리가 있으나 일종의 '망탈리테Mentalité' 곧 집단 심성을 형성할 수도 있다"라고 말한 바 있다. 후대로 전승되어 온 신화는 호기심 많은 사람들에 의해 다시 생명을 얻기도 한다.

나아가 어떤 신화는 역사학자들에 의해 사실로 확인되어 신화에서 역사로 그 지위가 바뀌기도 한다. 신화에 대해 하나하나 궁금증을 가지고 그 이야기를 파헤쳐가다 보면 그 속에 오래전 인류가 체험한 온갖 경험이 반영되어 있음을 알게 된다.

지금은 자연에 대한
경외감을 회복해야 할 때

인간은 이성적 능력으로 자연을 정복할 수 있다고 생각했지만 자연의 가공할 위력 앞에서는 여전히 속수무책이다. 2017년 중국의 쓰촨성에 위치한 구채구九寨溝를 여행한 적이 있다. 산속의 호수들이 어찌나 투명하고 다양한 색채를 띠는지 그 아름다움에 흠뻑 취했었다. 그러나 여행에서 돌아온 지 2달이 지난 후, 나는 뉴스를 보며 망연해질 수밖에 없었다. 강력한 지진으로 그곳의 호수와 폭포가 형체도 없이 사라지고, 아름다웠던 지역이 모두 파괴되어버린 것이었다. 2달 후 그런 참혹한 일이 일어날 것을 미리 알았더라면 과연 즐겁게 여행할 수 있었을까? 나는 두려움에 몸서리쳤다.

인간은 과학적 지식과 분석에 기초하여 재난을 예측하고 피해를 줄일 수는 있지만, 여전히 쓰나미와 화산, 지진과 같은 자연의 위력 앞에서 무력하다. 오늘날 세계는 지구온난화와 그로 인한 심각한 기후변화를 겪고 있으면서도 아직 문제 해결을 위한 세계적 합의가 이뤄지지 못하고 있다. 최근에는 대홍수와 같은 자연이 일으킨 재해가 아니라 인간의 끝도 없는 탐욕과 그로 인한 환경 파괴로 스스로 재해를 초래하는 사례가 늘어가고 있다.

지난겨울, 전 세계적으로 창궐한 코로나19는 기후 환경의 변화와 인간의 무분별한 자연 파괴, 그리고 동물 포획 및 남용의 결과로 초래되었다는 분석이 지배적이다. 코로나19의 충격은 지금 여기에서 우리의 욕망을 멈추지 않으면 더 큰 재앙이 도래할 것이라는 예시처럼 느껴진다. 인간은 지구상에 존재하는 다양한 생명체 중 하나일 뿐이다. 우리는 지구라는 거대한 생태계 안에서 다른 존재들과 공존하며 살아가야 한다. 이 사실을 인류가 잊으려고 할 때마다 자연은 때때로 그 위력을 발휘하며 인간의 자만을 일깨워 왔다. 부디 대홍수 신화와 같은 또 다른 재난 신화가 창조되는 일이 일어나지 않기를 바랄 뿐이다.

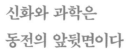

신화와 과학은
동전의 앞뒷면이다

여러분은 신화가 무엇이라고 생각하는가? 한자의 의미 그대로 단순히 '신들의 이야기'에 불과한 것일까? 신화는 과학이 선도하는 현대의 우리 삶과는 아무런 관련이 없는 이야기일까? 과연 그러하다면 과학적 지식이 넘쳐나는 요즘에도 왜 신화는 여전히 사람들에게 사랑을 받는 것일까? 왜 다양한 학문의 영역에서 새로운 이론이나 학설을 명명할 때 신화 속 주인공들의 이름을 빌려오는 것일까?

'오이디푸스 콤플렉스'나 '엘렉트라 콤플렉스'처럼 심리학 용어들도 신화 속 인물들의 이름을 차용하고 있고, 머큐리, 마르스, 비너스, 주피터 등 태양계 행성의 이름에도 신화 속 신들의 이름을 붙여놓았다. 아폴로, 항아(중국의 달 탐사 프로젝트 이름) 등 항공우주

선이나 행성 탐사 로봇에도 신화 속 신들의 이름을 달아주었다. 그 뿐인가? 우라늄, 플루토늄, 셀레늄, 넵투늄, 카드뮴, 유로퓸, 탄탈룸 등 주기율표의 화학원소들의 이름도 신화 속 신들의 이름에서 차 용하였다. 이처럼 신화와는 반대 척도에 있다고 생각되는 과학 분 야에서조차 새로운 발명이나 발견이 이루어지면 신화 속에서 적절 한 이름을 우선 찾아보곤 한다. 과학의 시대에도 신화는 여전히 위 력을 발휘하며 우리들의 삶에 영향을 미치고 있는 것이다.

밤하늘을 바라보며
신화와 과학의 관계를 통찰하다

이쯤 되면 신화를 단순히 옛날이야기라고 치부해버리기에는 그 속에 무시할 수 없는 큰 의미가 있음을 짐작할 수 있다. 첨단 과 학의 시대를 사는 인류이지만 우리의 심성 저 밑바닥에는 오래전 우리의 조상들이 자연을 바라보던 감성이 여전히 자리하고 있는 것은 아닐까 싶기도 하다. 오늘날 우리가 목격하는 자연현상은 오 래전 원시인류가 마주했을 자연현상과 크게 다르지는 않을 것이다. 과학적 지식이 없던 시대, 인류가 우주와 자연현상을 바라보며 느 낀 경이로움과 두려움을 신격화하여 만들어낸 이야기들을 읽다 보 면 그들이 자연현상을 바라보며 어떠한 생각으로 신화를 창작해내었을지 짐작될 때가 있다. 특히 밤하늘에 뜬 달을 바라볼 때면 왜 옛사람들이 달의 여신 아르테미스를 앙칼진 성격으로 상상했을지 이해가 된다.

신화를 공부하기 전 나에게는 신에 대한 보편적인 이미지가 있었다. 자신을 믿는 인간들이 비록 어리석은 짓을 하더라도 기꺼이 용서해주고 보듬어서 좋은 방향으로 인도해주는 자비로운 존재. 그것이 내가 상상하던 신의 모습이었다. 그러나 그리스 신화를 공부하며 접한 신들은 이러한 나의 선입견과는 완전히 달랐다. 그리스 신화 속의 신들은 관용이나 자비, 사랑과는 거리가 멀었다. 그들은 무시를 당하거나 화를 입으면 자신을 해한 상대방을 결코 용서하지 않았다. 오히려 자신이 당한 것보다 훨씬 더 잔혹한 복수로 되돌려주었다.

그러한 신들 가운데에서도 엄혹하기로 손에 꼽히는 여신이 있었으니 바로 달의 여신 아르테미스였다. 아르테미스는 상반된 특성을 동시에 갖고 있는 여신이었다. 그는 사냥의 여신이자 야생동물을 보호하는 여신이었으며, 처녀신이면서 동시에 해산을 돕는 여신이기도 했다. 성격이 어찌나 앙칼지고 매서웠는지 그녀에게 감히 맞설 자가 없었다. 그의 복수 이야기 중 가장 잘 알려진 이야기는 사냥꾼 악타이온과 관련한 이야기이다. 아르테미스가 목욕하는 모습을 지나가다 우연히 보게 된 악타이온은 아르테미스의 분노를 사서 사슴으로 변하게 되는데, 그가 데리고 다니던 사냥개가 사슴으로 바뀐 주인을 알아보지 못하고 그의 몸을 갈기갈기 찢어 죽게 했다는 이야기이다.

아르테미스의 복수는 개인적인 차원에만 머물지 않았다. 국가 대사와 관련된 복수 이야기도 있다. 트로이 전쟁을 앞두고 그리스 연합군의 총사령관이 된 아가멤논은 트로이로의 원정을 앞두고 사슴 한 마리를 사냥했다. 문제는 그 사슴이 아르테미스의 숲에 사는 짐승이었다는 사실이다. 아르테미스는 자기에게 봉헌된 숲에서 사냥한 사냥꾼에게 잔혹한 복수를 가했다. 비록 그 사실을 모르고 한 사냥일지라도 복수에 예외가 없었다.

그리스 연합군의 함대가 트로이로 출항하기 위해서는 바람이 필요했다. 그러나 아르테미스의 복수로 바람은 한 점도 불지 않았다. 마음이 다급해진 아가멤논은 그 까닭을 알기 위해 신탁을 받고 예언자 테이레시아스를 불러 신탁을 풀어본다. 그 결과, 아가멤논은 신을 노하게 한 원인과 이를 해결할 방법을 알게 된다. 테이레시아스가 말하길, 아르테미스의 분노를 풀기 위해서는 아가멤논의 가장 소중한 존재를 제물로 바쳐야 한다고 했다. 아비에게 가장 소중한 존재는 무엇일까? 신탁의 내용인즉슨, 눈에 넣어도 아프지 않을 어린 딸을 제물로 바치라는 것이었다.

아가멤논의 오랜 번민이 이어지자 연합군 함대는 출정을 위해 그의 결단을 요구했다. 결국 아가멤논은 여덟 살밖에 되지 않은 딸 이피게네이아를 산 채로 제물로 바쳤다. 그러나 다행스럽게도 제사

〈제물로 바쳐지는 이피게네이아〉

프레스코화, 1세기경, 이탈리아 나폴리 국립 고고학 박물관.
하늘 위에 사슴을 타고 날고 있는 이가 바로 달의 여신 아르테미스이다.

장이 이피게네이아의 목을 따려는 순간, 이피게네이아를 가엾게 여긴 아르테미스가 아이를 낚아채어 타우리스(지금의 흑해 연안 크림반도)로 보내 그곳에 있는 자신의 신전의 여사제로 삼았다. 이 사실을 아가멤논을 비롯한 다른 인간들은 알지 못했다. 이와 같은 일련의 복수극을 그리스 신화에서 마주칠 때마다 나는 달의 여신 아르테미스의 엄혹함을 떠올리게 된다.

자연현상, 신화가 되다

달을 바라보며 신화와 과학 사이의 관계를 떠올리게 된 것은 지금으로부터 5년 전, 추석 때였다. 보름달을 보며 소원을 비는 풍습이 있는 한국에서는 그날 둥근 보름달을 보며 많은 사람들이 자신의 소원을 빌었을 것이다. 당시 미국에 머물고 있던 나는 남편과 함께 다른 이유로 보름달을 기다리고 있었다. 그해 추석은 양력으로 9월 27일이었는데, 이날은 지구와 달의 거리가 궤도상 가장 가까워지는 날이었다. 동시에 완전 개기월식이 일어날 것이라는 뉴스도 들었던 참이었다. 개기월식 때 달이 붉게 보이는 현상인 '블러드문Blood Moon' 현상도 볼 수 있지 싶어서 기대가 컸다.

남편과 나는 일찌감치 동네에 새로 생긴 테라스 카페에 앉아서 달이 뜨기만을 기다리고 있었다. 그런데 날씨가 점점 흐려지더니

진한 먹구름이 끼기 시작했다. 밤 8시경부터 10시경까지 하늘을 보면서 이제나저제나 구름 밖으로 달이 나타나기를 기다렸다. 그러나 보름달은 끝내 볼 수 없었다. 달이 제대로 보이지 않으니 개기월식을 보는 것도 물 건너갔다는 생각에 우리는 실망감을 감추지 못하며 집으로 돌아가는 중이었다. 그때였다. 하늘을 보니 짙은 먹구름 사이로 그토록 기다리던 보름달이 얼굴을 쏘옥 내밀기 시작하는 것이었다. 그러나 구름이 금방 다시 보름달을 덮어버려서 아쉽게도 개기월식과 블러드 문 현상은 관찰할 수 없었다. 그렇지만 슈퍼 문Super Moon답게 어찌나 크고 밝게 빛나던지 그렇게 밝고 샛노란 달은 참으로 오랜만에 보았다.

다음 날 아침, 간밤의 아쉬움을 달래줄 메일이 한 통 와 있었다. 캐나다에 살고 있는 사진작가인 시동생이 개기월식의 전 과정을 찍어 우리 부부에게 보내준 것이다. 시동생은 여러 장의 사진을 한 컷으로 편집해서 보내주어 우리 부부는 시간별로 변해가는 개기월식의 순간을 뒤늦게나마 감상할 수 있었다. 사진에는 완전 개기월식 때만 나타난다는 블러드 문 현상도 제대로 찍혀 있었다. 사진이 어찌나 선명하던지 달의 표면까지 보일 정도였다. 사진으로 보긴 했지만, 블러드 문에서 달의 여신 아르테미스의 잔혹성이 느껴지는 듯해서 조금 섬뜩했다. 이 현상을 바라보았을 원시인류와 고대인들은 평소와 다른 모습의 달을 보며 과연 어떤 생각을 했을까? 21세기를 사는 내가 블러드 문을 보며 느낀 섬뜩한 기분을 그

©Don Thomson, 2015.

2015년 9월 27일의 개기월식 과정

들도 똑같이 느꼈을까? 신화 속에 묘사된 아르테미스의 잔혹한 면
모는 혹시 블러드 문과 같은 현상을 보며 느낀 선사인들과 고대인
들의 공포감을 반영하고 있는 것은 아닐까?

신화와 과학은 굉장히 멀리 떨어진 듯 보이지만, 나는 신화와
과학이 종이의 앞뒷면과 같다는 생각이 든다. 선사인들은 일상에
서 경험하는 우주현상과 자연현상을 여신으로 인격화하여 이해
했다. 가부장제가 지배하는 사회체제로 바뀐 고대에도 여전히 우주
와 자연의 현상을 상징화한 일부 여신들이 숭배받았다. '신석기 혁
명'이라 불리는 농경이 시작되며 파종과 수확을 하기에 적절한 시
기를 알아야 할 필요가 생기자, 그 무렵부터 천문 관측이 전문적으
로 행해지게 되었다. 당시 천문을 관측하는 일은 최고의 권력자였
던 제사장들이 장악하고 있었다. 당대 최고의 과학적 지식을 제사
장이 장악했다는 사실은 그 시대의 패러다임을 이들이 장악했다
는 의미이기도 하다.

오늘날의 우리 시각으로 보면 신화는 시대에 뒤떨어진 이야기
같지만 신화 안에는 당대 최고의 지식이 반영되어 있다. 신화와 과
학이 다르지 않다는 말은 바로 이것을 의미한다. 과학 분야에서는
지금도 꾸준히 새로운 발견이 이루어지고 있다. 새로운 발견이 이루
어지는 순간, 이전까지의 과학적 이론은 하나의 이야기(신화)로 전
락한다. 오늘날의 우리는 달이 지구의 위성이라는 사실을 모두 알
고 있다. 그러나 과학적 지식과는 별개로 달을 경이로움의 시선으

로 바라보며 아르테미스라는 신을 창조해내고, 달이 보여주는 다양한 양상을 여신의 개성으로 스토리텔링한 고대인들의 상상력까지 외면해야 할 이유가 있을까? 신화에는 우리 인류가 밟아온 사고의 변천사가 들어 있다. 상상력은 저 멀리 어딘가에서 뚝 떨어지는 것이 아니다. 인류가 우주와 자연을 경험하며 만들어낸 다양한 이야기들은 그것 자체로 상상력의 보고이다. 신화는 팍팍한 현대를 살아가는 현대인들의 마음을 위무해줄 뿐 아니라, 사고의 지평을 넓혀주는 지혜의 화수분이다.

4장

/

와인

나를 위로하는
디오니소스의 속삭임

고대부터 와인은 부활과 재생의 상징물이자
물 대신 음용했던, 없어서는 안 될 생필품이었다.

와인은 그냥 마셔도 좋지만
와인과 관련된 신화와 역사,
와인에 얽힌 다양한 이야기를 안주 삼다 보면
풍성한 대화의 향연이 펼쳐지는
문화의 음료로 변신한다.

미술과 신화에 대한 공부를 하면서
기호식품으로만 여겼던 와인에
장구한 서양 문명사가 담겨 있음을 깨달았다.
음주에 배움이 깃드니 그 기쁨은 곱절이 되었다.

잔을 채우는 즐거움에 더해
인문학적 지식을 채우는 희열까지
두루 함께 누릴 수 있는 대상이
바로 와인이다.

그 황홀한 여정에 여러분을 초대한다.

인류의 와인,
나의 와인

　　식사를 할 때 가볍게 와인 한잔 곁들이기를 즐
긴다. 지금으로부터 17년 전, 회사를 그만두고 앞으로 할 일을 생각
하며 자격증 시험 하나를 준비하고 있었다. 당시 나는 매일 도시락
을 싸서 학원에 가서 하루 종일 공부에 매진했다. 낮에는 수업을 듣
고, 밤에는 늦게까지 학원 도서관에서 공부를 했다. 그 생활이 10개
월간 이어졌다. 매일 책상에 앉아 있기만 하니 당연히 소화가 잘 되
지 않았다. 그렇다고 소화제를 먹고 싶지는 않았다. 나는 소화불량
을 해결할 비책으로 작은 병에 레드와인을 반병쯤 채워가서 점심을
먹을 때 반주처럼 같이 마셨다. 같이 공부하던 사람들은 내가 포도
주스를 마시는 줄로 알고 있었다. 당시 내게 와인은 술이 아니었다.
막힌 속을 뚫어주는 소화제이자, 숙면을 도와주는 수면제이자, 몸의

순환을 도와주는 보약이었다.

인류 최초의 와인은
어디에서 만들어졌을까?

실제로 고대부터 와인은 약으로 처방되었다. 의학의 아버지로 불리는 고대 그리스의 의학자 히포크라테스는 환자들에게 약으로 와인을 자주 처방했다고 전해진다. 호주의 유명한 와인 회사인 펜폴즈Penfolds를 세운 크리스토퍼 펜폴드Christopher Penfold도 영국에서 호주로 이민을 간 의사였다. 약으로서 와인의 효능을 믿었던 펜폴드는 환자에게 처방해줄 와인을 만들기 위해 소규모로 포도나무를 심고 와인을 주조했다. 그렇게 만든 와인이 인기를 끌면서 1844년 와인 회사를 설립하기에 이른 것이다.

와인은 심신을 이완시키고 기분도 좋게 만들어주다 보니 예술가들은 와인을 예술적 영감을 가져다주는 촉매제로 여겼다. 그리하여 종종 와인을 작품의 테마로 삼기도 했다. 비단 와인뿐만이 아니라 술은 동서고금을 불문하고 수많은 예술가들에게 영감을 불러일으키는 매개체였다. 그러나 와인만큼 사람들로부터 추앙을 받은 술은 없었던 것 같다. 서양에서 와인은 디오니소스라는 신으로 신격화되어 숭배를 받았으니 말이다. 그렇다면 어떤 상징성이 있었기에 와인은 신으로까지 모셔졌을까?

고대 그리스와 로마에서 와인은 식수 대용품이었다. 유럽의 물에는 석회질이 섞여 있어 물을 일상적으로 음용하는 데 문제가 있었다. 위생이 철저하지 못했던 그 시절 사람들은 수인성 전염병의 위험에 항시 노출되어 있었다. 와인은 물을 음용함으로써 발생할 수 있는 위험성을 예방하는 음료였다. 고대 그리스에서는 젖을 뗀 아기들에게도 묽게 희석시킨 와인을 물 대신 마시게 했다. 로마제국의 군대가 제국을 넓히는 전쟁을 치르러 다닐 때 군인들에게 배급한 음료도 와인이었다. 그 전통은 2차 세계대전 때까지 지속되었다. 그러고 보면 와인은 유럽인들에게 기호식품이라기보다는 생필품에 가까운 음료였다.

와인이 최초로 주조된 곳은 흑해 연안의 코카서스 지역으로 알려져 있다. 그루지아와 아르메니아, 아제르바이잔 등 흑해 연안에 위치한 나라들은 서로 자신들이 와인의 종주국이라고 논쟁을 벌이고 있다. 어디가 됐던지 간에 흑해와 카스피해의 중간 지역에서 와인이 처음으로 만들어진 것만은 사실인 모양이다. 실제로 그루지아에서는 8천 년 된 와인 항아리가 발견되었고, 이란(페르시아)에서도 7천 년 된 와인 항아리가 발견되었다. 아르메니아에서는 6,100년 전에 이미 인류 최초의 와이너리가 존재했다고 한다. 페르시아제국의 수도였던 페르세폴리스의 궁궐에는 아르메니아의 대사들이 자국에서 만든 와인이 든 암포라를 페르시아 황제에게 바치기 위해

페르세폴리스의 아파다나 궁 동쪽 계단의 부조

기원전 515년경 페르시아 황제에게 와인을 바치러 나아가는 아르메니아 대사들이 묘사
되어 있다.

행진하는 모습이 조각되어 있다.

앞에서도 언급한 것처럼 성경의 〈창세기〉에는 와인의 주재료인 포도의 원산지를 은유하는 대목이 등장한다. 대홍수가 끝나고 노아의 방주가 멈춰 선 곳은 지금의 아라라트산인데, 이곳은 현재 터키와 아르메니아 경계에 위치한 지역이다. 노아가 방주의 문을 열고 나와서 한 최초의 행동이 포도나무 심기였다는 것도 의미심장하다. 〈창세기〉 9장 20절을 보면 '노아가 농사를 시작하여 포도나무를 심었더니'라는 구절이 나온다. 성경의 내용에 근거해보아도 이 근방에서 와인이 최초로 만들어졌다는 짐작이 가능하다.

이후 와인은 메소포타미아 지역을 비롯해서 이집트, 그리스, 로마, 인도까지 퍼져나갔다. 그리스 신화의 올림포스 12신 중 한 명인 디오니소스의 삶을 통해서도 와인의 확산 경로를 살펴볼 수 있다. 디오니소스는 제우스와 인간 여성 세멜레 사이에서 태어났는데, 제우스는 헤라의 질투로부터 아기를 보호하기 위해 전령의 신 헤르메스를 시켜 디오니소스를 그리스 밖으로 내보내어 양육한다. 이후 성인이 된 디오니소스는 세상을 유람하는데, 그가 신화 속에서 거친 유람의 경로가 바로 와인이 퍼져나간 경로와 일치한다.

그렇다면 와인은 왜 신석기 시대부터 문명의 발상지인 메소포타미아와 이집트를 거쳐 유럽의 고대 문명권을 휩쓸며 중요한 상징성을 지닌 음료로 부상했을까? 그 이유는 선사 시대와 고대에 신들에게 올렸던 희생제에서 답을 찾을 수 있다. 희생제를 올리는 동안 제물로 진수된 생명으로부터 흘러나오는 피는 곧 활력과 생명력을 상징하는 동시에 재생과 부활을 상징했다. 선사인과 고대인들은 신에게 피를 바침으로써 이듬해에는 더 풍성한 수확물을 기원했고, 겨우내 죽어 있던 생명의 부활과 재생을 염원했다. 레드와인의 붉은색은 바로 이 피의 상징성을 물려받아 생명력과 부활, 재생이라는 상징성을 갖게 되었다.

와인에 담긴 다양한 상징성

고대의 주요 문화권에서는 이러한 와인의 상징성을 흡수했다. 이집트의 신 오시리스는 죽었다 다시 살아난 신이었다. 파라오는 오시리스와 오시리스의 아들 호루스를 대신해 사람들을 통치하는 신의 대리인으로 여겨졌다. 이집트인들은 파라오가 죽으면 그의 무덤에 와인이 담긴 항아리를 같이 부장하여 그의 부활을 염원했다. 실제로 투탕카멘의 묘가 발굴되었을 때 그의 묘에서 와인 항아리가 출토되었다. 파라오의 무덤 벽에는 포도와 포도 덩굴 그림, 와인 주조 과정 등이 벽화로 그려져 있기도 했다. 이는 고대 이집트에서 와인은 음용의 용도보다는 제례의 용도로서 부활의 상징성이 더 컸음을 의미한다.

그리스의 디오니소스 신 역시 죽었다가 다시 태어난 신이다. 고대 그리스에는 '디오니소스 비의(비밀의식)'라는 종교행사가 있었다. 이 비의에 참석한 사람들은 죽음을 의사체험 함으로써 죽음의 공포에서 벗어나 생을 건강하게 살 수 있었다. 의식의 진행 방식은 철저하게 비밀에 붙여졌기에 지금도 정확한 절차와 내용은 알려져 있지 않지만, 이 의식을 거치고 나면 참석자들은 영혼의 재탄생을 경험했다고 전해진다. 부활에는 죽었던 육신이 다시 되살아난다는 신체적인 의미도 있지만, 더욱 근본적인 의미는 정신적으로 재탄생함으로써 삶의 차원이 한 단계 올라선다는 데 있었다.

디오니소스는 이성(의식)의 신 아폴론과 대비되어 무의식을 상징하기도 한다. 와인을 마시고 취기가 올라 디오니소스 신과 접신하고도 이성을 지키고 있다면 그것은 신에 대한 예의가 아닐 것이다. 무의식은 이성에 비해 카오스(혼돈)에 가깝지만 창조력의 원천이기도 하다. 디오니소스를 위한 제의에는 여성을 위한 축제도 있었다. 고대 그리스의 가부장제 문화에서 1년 내내 억눌려 살던 여인들도 이날 하루는 와인을 진탕 마시고 마음껏 일탈할 수 있었다. 1년 365일 중 단 하루 허락된 일탈이었지만 이날 여인들은 그동안의 묵은 스트레스를 털고 일어나 새롭게 삶을 살아갈 활력을 얻었다. 디오니소스 신으로 상징화된 와인에 내포된 의미가 참으로 넓고 깊다는 사실을 알 수 있다.

기독교의 예수도 죽었다 부활한 존재이다. 기독교에서도 와인을 예수가 흘린 피이자 부활을 상징하는 의미로 여겨 지금까지도 성찬식에 와인을 사용한다. 기독교가 로마제국의 국교로 받아들여진 이후 중세 기간 내내 와인은 기독교에서 중요한 음료로 여겨졌다. 당시 귀족들은 죽으면 자신이 소유했던 땅을 교회에 기증하곤 했는데, 덕분에 드넓은 땅을 소유하게 된 중세의 교회는 성찬식에 쓰일 와인을 주조하기 위해 와이너리를 경영했다. 와이너리를 경영하며 수도사들은 토양과 포도품종, 기후의 상관관계를 연구하며 특정 지역에 가장 잘 맞는 포도품종을 찾아냈다. 수도사들은 끊임없는 연구로 와인의 품질을 개선했다. 그런 까닭에 와인의 역사를 공부하다 보면 중세 수도사들과 교회가 자주 거론된다. 와인으로 부를 축적한 교회와 와인에 빠진 수도사들의 타락상도 물론 함께 등장한다.

신석기 시대부터 시작된 와인의 역사는 메소포타미아와 이집트를 거쳐 고대 그리스의 디오니소스 신, 로마의 바쿠스 신으로 신격화되어 숭배받았고, 기독교에서는 성찬 음료로 받아들여지며 전 세계로 확산되어나갔다. 15세기 말 콜럼버스의 신대륙 발견은 와인이 대륙을 건너 그 위세를 더욱 널리 확장하게 된 계기였다. 당시 신대륙에 정착한 유럽인들이 기독교를 신대륙에 전파하는 과정에서 성찬 음료가 필요하자 신대륙에도 와이너리가 속속 세워지기 시작했다. 이런 맥락에서 유럽 대륙의 와인을 구세계 와인이라고 칭하고, 아메리카 대륙의 와인을 신세계 와인이라고 부르며 이 둘을 구분하기도 한다.

이슬람 문명권에서도
음용했던 와인

와인의 역사를 살펴보고 있으면 역사의 아이러니를 느낀다. 시간이 흐름에 따라 와인은 전 세계적으로 확산되어 현재는 세계인들의 기호음료가 되었으나, 정작 최초로 와인의 주조가 시작된 고대의 메소포타미아 지역에서는 더 이상 와인을 마시지 않기 때문이다. 와인의 역사가 시작되었던 지역들 중 많은 곳이 7세기에 이르러 이슬람 문명권이 되었다. 이슬람교에서는 음주를 금하다 보니 와인 종주국이었던 지역에서 오히려 와인이 사라져버리는 아이러니가 발생한 것이다. 그렇다고 해서 모든 이슬람 지역에서 와인을 비롯한 술을 금지한 것은 아니었다. 1979년 이란에서 이슬람혁명이 일어나기 전까지는 와인 산업이 번성했다고 한다. 터키 수니파의 한 분파에서는 의학용으로 와인의 음용을 제한적으로 허용하기도 한다.

페르시아에서는 시인들이 와인을 통해 시적 영감을 얻었다. 14세기 페르시아의 위대한 시인 허페즈Hafez의 시집 《신비의 혀》에는 와인과 관련한 이야기가 자주 등장한다. 대문호 괴테도 대단히 존경했다는 허페즈의 시에 와인이 자주 언급되는 것을 보면 시인들이 시를 짓기 위해 와인을 음용했다는 말은 거짓이 아니다.

단식 끝나고 축제일 다가오니 마음이 들뜨는구려.
양조장에선 술 끓어오르니 어찌 술을 원치 않을쏘냐.

설교를 팔아먹는 귀하신 몸의 시대는 끝났도다.
탕아들의 즐거움의 시간이 돌아왔도다.

왜 술 한잔 마시는 이를 비난하는가?
우둔하다, 잘못이다, 그 누가 어찌 말할 수 있나.

술을 마심은 뻔뻔함도 속임수도 아니니,
뻔뻔하게 속이고 설교를 팔아먹는 자보다 나을지니.

우리는 남을 속이는 탕아도, 이중적인 친구도 아니니,
신은 마음의 비밀을 알고 있고,
그 상태를 증명해 보이네.

신의 명령을 수행하며, 남에게 해를 끼치지 않겠도다.
그들이 무엇을 말하든 합법이 아니고,
나두 합법하다고 말하지 않네.

나와 네가 술 몇 잔 기울인들 무슨 허물이 있을쏘냐.

4장

와인 : 나를 위로하는 디오니소스의 속삭임

술은 포도나무 피이지 네 피가 아닐지니.

이 무슨 잘못인가,
무슨 큰 일이 벌어진단 말인가,
허물은 무슨 허물인가,
허물없는 인간이 어디 있더냐?

_《신비의 혀》(샴세딘 모함마드 허페즈 쉬러지 지음, 신규섭 옮김, 나남, 2005, 45~46쪽.)

이란의 이스파한에 있는 체헬 소툰 궁에는 아름다운 벽화가
많이 남아 있다. 이 궁은 17세기 아바스 2세 때 지어진 궁으로 벽
에는 전쟁에서의 승리를 기념하는 그림들과 함께 삶과 사랑의 기쁨
과 관련한 그림들도 그려져 있다. 그 벽화들 중에 와인이 등장하는
그림이 있다. 왕과 신화들이 와인을 마시며 연회를 베푸는 장면을
그린 것으로 추측된다.

그림을 살펴보면 중앙에는 왕이 앉아 있고 양편에는 대신들이
나뉘어 앉아 있다. 그들의 앞에서는 무희들이 춤을 추고 있고 그
옆에는 여러 명의 악대가 악기를 연주하고 있다. 왕 앞에는 아름다
운 모양의 와인 병이 여럿 놓여 있고, 술잔을 들고 있는 관료들의
모습도 보인다. 음악을 연주하고 있는 사람 앞에도 커다란 와인 병
과 와인 잔이 놓여 있다. 이 벽화의 왼쪽 아래를 보면 와인을 따르
고 있는 사람이 보인다. 국왕이 주최한 듯 보이는 이 자리에 어찌

---◇---

17세기 중반, 이란 이스파한의 체헬 소툰 궁에 그려진 벽화의 한 장면
이슬람교에서는 교리상 술을 금지했지만 페르시아에서는 술(와인)을 마셨다.

술이 빠질 수 있었을까?

이 그림이 그려진 17세기 중반, 유럽은 바야흐로 바로크 시대였다. 바로크 시대의 미술을 대표하는 이탈리아의 화가 카라바조Caravaggio가 그린 〈바쿠스〉와 체헬 소툰 궁의 벽화를 비교해보면 두 그림의 와인 잔이 다른 모습임을 알 수 있다.

당시 유럽에서는 스템(손잡이 부분)이 길쭉한 유리 와인 잔을 사용했던 반면, 페르시아에서는 발굽이 짧은 도자기 와인 잔을 사용했던 모양이다. 체헬 소툰 궁의 벽화에는 금속으로 만들어진 와인 잔도 보이는 반면 유리잔은 보이지 않는데, 이는 당대의 유리 기술이 부족해서가 아니었다. 와인을 담은 유리병들의 섬세한 조각을 보면 그 시절에 이미 유리 가공기술이 대단히 뛰어났음을 알 수 있다.

무굴제국(인도 지역의 이슬람 정권)의 황제가 사용하던, 백옥으로 만들어진 와인 잔을 살펴보면 그 섬세함과 우아함에 감탄을 멈출 수 없을 정도이다. 힌두교와 불교의 중요한 상징인 연꽃을 세부 장식으로 차용하고, 그리스 건축의 코린트 주두 장식으로 사용되던 아칸서스 잎을 연꽃 뒤에 세밀히 묘사한 와인 잔은 타지마할을 건설한 왕으로 유명한 샤 자한이 쓰던 것이다. 샤 자한은 비이슬람적인 요소를 적극적으로 받아들였던 왕이었다. 샤 자한의 와인 잔으로 짐작하건대 무굴제국에서도 와인을 음용하는 것이 금지사항은 아니었던가 보다.

미켈란젤로 다 카라바조, 〈바쿠스〉(위)
캔버스에 오일, 1595년, 이탈리아 피렌체 우피치 미술관.

샤 자한의 와인 잔(아래)
백옥, 1657년, 영국 런던 빅토리아 앤 앨버트 박물관.

이베리아반도에 위치한 스페인 역시 이슬람의 지배를 700년 가까이 받았지만, 그들에게 와인은 중요한 음료였다. 무엇이든 중심지에서 멀어지면 제도가 느슨해지는 법이다. 사우디아라비아와 같은 이슬람의 종주국에서는 금주의 규율이 강력하게 지켜졌을지 모르지만, 중심지에서 멀어질수록 그 지역의 향토적 문화와 혼합되면서 종교가 강제했던 금주의 규율도 많이 느슨해졌던 것이 아닐까?

와인 한 잔에 담긴
인류의 역사와 문화

앞에서도 언급했지만 와인은 음료로서의 기능뿐만 아니라 그 상징성(재생, 부활) 때문에 수천 년의 세월에 걸쳐 인류의 문명과 함께해왔다. 이렇게 중요한 의미를 가진 와인을 예술에서 어찌 간과할 수 있었을까? 와인은 예술 작품 속에서도 상징적 의미로 많이 그려졌다. 이집트 파라오의 무덤 벽화에는 부활의 의미로 포도 그림이 많이 그려졌고, 고대 그리스와 로마에서는 무수히 많은 디오니소스 신상이 조각되거나 모자이크화 또는 벽화로 그려졌다. 그리스와 로마의 문화를 다시 부흥시킨 르네상스 시대에도 디오니소스 신을 주제로 한 많은 예술 작품들이 제작되었다. 기독교 문화를 바탕으로 한 작품 속에도 와인은 자주 등장한다. 레오나르도 다빈치의 〈최후의 만찬〉에는 예수와 열두 제자가 한 테이블에 앉아 와인과 빵을 나누며 식사를 한다. 이 그림에서 우리는 와인이 단순히 술이 아니라 하나의 상징으로 그려졌음을 읽어낼 수 있어야 한다. 제자들이 예수의 피와 살을 나누는 장면이자, 예수가 다시 부활하리라는 상징을 알아차려야 한다. 예수가 죽기 전 와인을 마셨던 성배와 관련한 전설적인 이야기들도 수많은 문학의 주제로도 차용되었다.

와인에 대한 공부가 인문학 공부인 이유가 바로 여기에 있다. 인류가 와인을 주조하고, 마시고, 그것을 하나의 존귀한 상징으로 받들며 염원하던 바가 무엇인지를 파헤쳐가다 보면, 그 안에 인류가 구축한 신화와 문학과 예술이 한데 어우러져 있음을 깨닫게 된다. 그러나 오늘날 우리는 와인을 마시면서 와인의 상징성 같은 것은 생각하지 않는다. 내 앞에 놓인 술 한 잔에 어떤 역사와 이야기가 담겨 있는지 궁금해 하지 않는다. 대신 어느 지역에서 생산된 어떤 품종의 몇 년산 와인인지와 같은 라벨 정보만 따지곤 한다.

요즘에는 와인이 수익성 좋은 사업으로 인식되며 자본주의 산업의 한 품목으로 변해버렸다. 다른 농업에 비해 수익률이 대단히 높다 보니 세계적인 기업들이 와이너리를 인수하여 경영하는 사례도 늘고 있다. 빈티지(와인이 생산된 연도를 의미하는 용어. 작황이 좋은 해의 포도로 만든 와인은 품질도 뛰어나다)가 좋은 와인들은 수익률 좋은 투자수단으로도 이용된다. 해마다 열리는 와인 경매시장에서 빈티지가 좋은 와인들을 낙찰받기 위한 투자자들의 경쟁이 치열하다. 이런 현상들을 보고 있으면 세월의 힘이란 그것이 본래 가지고 있던 의미는 휘발시켜버리고 종국에는 물질만 남겨버리는 것은 아닌가 하는 생각이 든다.

그럼에도 불구하고 나는 가끔 와인을 통해 주신酒神 디오니소스와 접신하여 무의식의 세계에서 노닐기도 하고, 정신을 이완시키기도 하며, 나른한 안락함 속으로 빠져든다. 한 잔의 와인을 앞에 놓고 이 한 잔이 내 앞에 이르기까지 거쳐온 인류의 역사를 되짚어보면 장구한 시간의 무게와 와인 안에 담긴 인류의 염원이 떠올라 가볍게 삼켜버릴 수가 없다.

와인을 알면
역사가 보인다

100년이 넘도록 가업을 이어온 가게를 보면 경탄의 눈길로 바라보게 된다. 자영업으로 생계를 이어가기가 어려워 자신이 하던 일을 자식에게는 물려주고 싶지 않다는 사람이 많기도 하고, 여전히 직업의 귀천을 따지며 장사하는 사람들을 업신여겨 보는 사람들도 많다 보니 우리나라에서 오래된 노포老鋪를 찾는 것은 쉽지 않다. 와인에 대해 공부를 하면서 놀라웠던 사실 중 하나는 유럽의 와인 생산 가문들의 내력이었다. 무려 700년이 넘는 세월 동안 와인 제조를 가업으로 이어온 가문이 있다면 믿어지는가? 그것도 한시도 전쟁이 끊이지 않던 유럽의 프랑스와 이탈리아에서 말이다. 이번에는 이탈리아 피렌체의 와인 생산 가문 두 곳 ― 안티노리 가문과 프레스코발디 가문 ― 과 프랑스 부르고뉴 지역의 유명 와이너리인 로마네 콩티에 얽힌 이야기를 해보려고 한다. 유럽 와인 명가의 면면을 살펴보는 일은 유럽의 역사를 공부하는 흥미로운 방법이기도 하다.

한눈에 짚어보는
르네상스 이전의 유럽 역사

유럽 와인 명가 이야기를 하기 전에 우선 르네상스가 태동하기 전 이탈리아와 프랑스의 상황을 살펴볼 필요가 있다. 476년 서로마제국이 멸망하자 그들이 구축했던 찬란했던 문화는 서서히 잊혀져 갔다. 로마제국의 콘스탄티누스 대제가 기독교를 공인한 313년부터 14세기를 전후로 하여 르네상스가 시작되기 전까지의 약 1천년간의 세월을 우리는 중세 시대로 규정한다. 이 시절을 흔히 '암흑 시대'라고도 부른다. 인류의 문명이 야만으로 가득해 깜깜한 암흑과도 같았던 시절이었다고 하여 붙여진 이름이다. 그러나 이 시기가 암흑기이기만 한 것은 아니었다. 8세기에는 샤를마뉴 대제가 이끈 문화 르네상스기가 존재했고, 12세기경부터 프랑스에서는 개인에 대한 관심이 싹트며 사랑을 노래하는 기사문학과 궁정문학이 태동했다. 또 프랑스의 고딕 양식은 당시 유럽에서 국제 양식으로 받아들여져 유행하는데, 성당 건축은 고딕 양식이 적용된 가장 대표적인 분야이다. 이와 같이 이미 12세기경부터 서서히 문화부흥의 움직임이 일어나고 있었다.

중세를 이야기하면서 200여 년에 걸쳐 진행된 십자군 전쟁(1096~1272)을 빼놓을 수 없다. 십자군 전쟁은 결국 유럽인들의 실패로 종결되었지만 문화적인 측면에서는 유럽 대륙에 굉장한 소득을 가져다 주었다. 낙후된 유럽에서 살던 십자군들에게 비잔틴제국을 위시한 동방의 찬란한 문화는 경이로움 그 자체였다. 비잔틴제국의 수도 콘스탄티노플(지금의 터키 이스탄불)은 유럽 각지에서 몰려든 십자군이 예루살렘을 탈환하러 가기 전 함께 모여 전열을 가다듬던 곳이었다. 서유럽에서는 이미 파괴되어 폐허로 남아 있는 고대 그리스와 로마 문화의 흔적이 비잔틴제국에서는 여전히 번성하고 있었다. 자신들의 문화적 뿌리를 그곳에서 발견한 십자군 원정대들은 이슬람 세력이 장악한 예루살렘을 탈환해야 한다는 본래의 대의를 잊고 부유한 콘스탄티노플을 약탈하며 한몫 잡기에 바빴다. 수차례에 걸친 십자군 원정은 실패하였지만 이 원정을 기회로 유럽인들의 눈이 트였다. 선진 문명을 받아들이게 되었을 뿐만 아니라 물질적으로 한몫 잡아 돌아온 사람들에 의해 시민계급이 형성되는 기반을 마련했다.

14세기 중반에 일어난 흑사병은 십자군 전쟁과 더불어 유럽 대륙에 대변혁을 가져온 사건이다. 흑사병의 창궐로 유럽 인구의 삼분의 일이 사망했다. 인구의 급격한 감소는 유럽의 경제 기반을

송두리째 바꿔놓았다. 우선 농노의 노동력에 기반해 유지되었던 중세 유럽의 봉건제가 붕괴되었다. 이어서 봉건제를 대체하며 도시에 기반한 상업자본주의가 싹트기 시작했다. 중세 유럽의 근간을 유지해온 것은 신에 대한 강력한 믿음이었다. 그러나 신의 대의를 내세운 십자군 원정이 실패하고, 흑사병으로 무수한 사람이 죽어가는 절망적 상황을 겪자 신에 대한 사람들의 확고한 믿음에 균열이 생기기 시작했다. 교황을 위시한 교회 권력도 차츰 그 힘을 잃어갔다.

중세의 신학은 인간의 이성으로 신을 이해할 수 있으나 신과의 소통은 신의 매개자(교황, 추기경, 주교, 신부, 수도사 등)를 통해서만 가능하다는 위계적 신학 사상에 근거하고 있었다. 그러나 이러한 사상도 바뀌어간다. 이 무렵 개인은 기도와 신비적 체험을 통해 직접 신과 소통할 수 있으며 신 앞에서 인간은 모두 평등한 존재라는 사상이 생겨났다. 이런 사상의 변화는 교회 건축에도 큰 영향을 끼쳤다. 위계질서에 바탕해 폐쇄적이고 층위적이었던 로마네스크 양식의 교회 건축은 층위가 사라지고 하늘을 향해 천장이 높고 환하게 열린 고딕 양식으로 바뀌어갔다. 인간은 찬란한 빛이 쏟아져 내리는 교회 안에서 기도를 통해 신과 직접 교감하고자 했다. 신 앞에서 동등해진 인간은 신을 경배하고 찬미하는 동시에 개인의 가치에 대해 눈을 뜨게 되었다. 인간의 삶과 인간의 감성에 더 관심을 가지게 된 것이다.

그렇다면 교황청이 있는 로마를 중심으로 전통적인 기독교가 지속되던 이탈리아의 상황은 어떠했을까? 서로마제국이 멸망한 이후로도 천 년간 지속되던 비잔틴제국은 1453년 오스만튀르크에 의해 멸망했다. 이슬람교를 믿었던 오스만튀르크에 제국이 멸망하자, 그리스 고전과 서로마제국의 지식을 연구하고 보존하며 계승해왔던 비잔틴제국의 학자와 예술가들은 갈 곳을 잃고 말았다. 그런 그들을 대대적으로 받아들여준 곳이 바로 이탈리아 피렌체의 메디치 가문이었다.

메디치 가문은 이탈리아 중부 피렌체에 거점을 둔 상인가문으로 양모사업으로 큰돈을 벌고 나서 금융업에 진출하여 엄청난 부를 축적했다. 그들은 자신들의 부를 예술 지원과 선진 지식을 받아들이는 데 과감히 투자했다. 메디치 가문은 비잔틴제국이 멸망하기 이전부터 그곳의 종교인, 학자, 예술가들을 피렌체로 초청해 문화교류를 하고 있었다. 그들을 초대하여 자신들의 궁전에 머물게 하며 지식을 전수받기도 하고, 중요한 고대 서적들을 그들로부터 수입하기도 했다. 비잔틴제국의 지식인과 예술가들은 그들을 반겨주는 메디치 가문으로 몰려들었고, 메디치 가문을 중심으로 피렌체에서 르네상스가 화려하게 피어날 수 있었다. 그들이 가져온 서적을 통해 기독교의 교리가 중세 신학자들에 의해 역사적으로 어떻게 왜곡되었는지 알게 되자 기독교를 새롭게 재해석하는 바람이 일어났다. 또한 그리스 고전 연구를 통해 인문주의가 다시 부흥하게 되었다. 마침내 신이 지배하던 1천여 년의 시간이 흐르고 나서 다시 사람을 중심에 세운 인본주의가 부활한 것이다. 예술에 있어서도 보티첼리, 미켈란젤로, 부르넬레스키 등 르네상스를 수놓은 수많은 예술가들이 모두 메디치 가문의 후원 아래 성장했다.

이탈리아 와인의 명성을 드높인 두 가문

르네상스 시대를 다룰 때 반드시 언급하는 두 가지 키워드는 바로 메디치 가문과 피렌체이다. 하도 둘의 관계가 중요하다 보니 그 이외의 것은 간과되어버리기 일쑤이다. 그러나 르네상스 시대에 피렌체에서 살던 사람들이 모두 메디치 가문 사람인 것은 아니었다. 피렌체에서 메디치 가문이 위력을 떨치던 시대부터 메디치 가문과 지근거리에서 살며 와인 사업을 경영했고, 현재에도 세계적으로 이름을 떨치고 있는 두 귀족 가문을 살펴보는 것도 흥미롭다. 두 가문은 안티노리 가문과 프레스코발디 가문이다. 이 두 가문은 수백 년에 걸쳐 유럽의 와인 생산을 주도해온 와인의 명문가이다. 한 시대의 문화를 혁신으로 이끈 메디치 가문은 1743년 대가 끊겨 폐문한 데 반해, 이 두 가문은 지금까지도 그 명성을 이어오고 있다.

피렌체가 위치한 토스카나주는 전 세계적으로 인정받는 뛰어난 와인 생산지이다. 그럼에도 프랑스 와인에 비해 그 명성이 뒤떨어져 있던 것이 사실이었다. 안티노리 가문과 프레스코발디 가문은 프랑스 와인의 명성에 대적하기 위해 '슈퍼 투스칸'으로 불리는 보르도식 와인을 개발해 성공함으로써 가문의 명성을 드높였을 뿐만 아니라 이탈리아 와인은 저품질이라는 불명예도 씻어냈다.

안티노리 가문은 800년이 넘는 장구한 세월 동안 줄곧 피렌체에 뿌리를 두고 있는 귀족 가문이다. 피렌체에는 '안티노리'라는 이름이 붙은 거리가 있을 정도이다. 안티노리 가족이 피렌체로 이사 온 것은 1202년으로 당시에는 실크 직조업과 은행업에 종사했다. 안티노리 가문이 와인 제조업에 본격적으로 뛰어든 것은 1385년으로 지오반니 디 피에로 안티노리가 와인 제조업 길드에 가입하면서부터였다. 안티노리 가문에서 생산된 와인의 명성은 나날이 높아졌고, 은행업도 성공적으로 이끌어가며 부를 축적해갔다. 1506년에는 1460년대에 지어진 피렌체의 궁전을 사들여 '팔라초 안티노리'라고 명명하여 가문의 본가로 삼은 후 현재에 이르고 있다. 팔라초 안티노리에는 아직까지도 그 후손들이 살고 있다. 18세기에는 합스부르크-로레인 가문으로부터 후작 작위를 취득해 귀족 가문으로 승격되었다. 이후 지금까지 635년간 와인 사업을 이어오며 피렌체 본가를 중심으로 세계 각지에서 와이너리를 운영하며 명성을 이어가는 중이다.

프레스코발디 가문도 피렌체의 역사를 논할 때 빼놓을 수 없

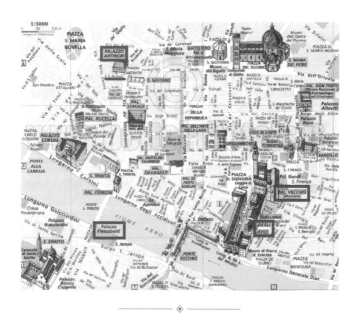

이탈리아 피렌체 지도

왼쪽 위는 팔라초 안티노리, 왼쪽 아래는 팔라초 프레스코발디, 오른쪽 하단의 파란
색으로 표시한 부분은 우피치 미술관, 오른쪽 하단에 붉은색으로 표시한 부분은 베
키오 시청이다.

는 유명한 귀족 가문이다. 플랑드르(지금의 벨기에)의 브리헤에서 옷감 사업으로 큰돈을 번 프레스코발디 가문은 13세기에 고향인 피렌체에서 은행업을 시작했다. 프레스코발디 가문은 유럽의 많은 왕실에 자금을 빌려줄 만큼 자본력이 대단했던 가문이다. 특히 영국 왕실의 돈줄을 이 가문이 쥐고 있었다 해도 과언이 아니었다.

프레스코발디 가문은 1308년부터 와인 생산을 시작했는데, 와인의 명성이 높아지자 유명 인사들이 단골이 된다. 미켈란젤로와 영국의 헨리 8세도 프레스코발디 와인의 고객이었다. 미켈란젤로가 프레스코발디 가문을 위해 그림을 그려주고 프레스코발디 와인을 작품의 대가로 받은 일화는 매우 유명하다.

와인을 통해 살펴보는
프랑스의 역사

프랑스의 르네상스는 프랑수아 1세의 열렬한 예술 지원 덕분에 꽃피웠다. 레오나르도 다빈치는 프랑수아 1세의 초대로 프랑스로 건너와 왕의 후원하에 말년을 보냈다. 〈모나리자〉가 파리 루브르 박물관에 소장된 까닭도 다빈치가 프랑스로 향하면서 그 작품을 챙겨갔기 때문이다. 유럽에서 교황의 힘이 점차 약화되어가자 왕의 권력은 상대적으로 강화되었다. 강력한 중앙집권화를 바탕으로 프랑스에서는 태양왕 루이 14세로 상징되는 절대왕정 시기가 도래한다.

루이 14세는 프랑스 와인의 역사를 논할 때에도 꼭 거론되어야 하는 중요한 인물이다. 프랑스 와인의 양대 산맥 중 하나인 부르고뉴 와인이 프랑스 왕실에 소개된 것은 루이 14세 재위 때였다. 앞에서도 이야기했지만, 와인은 술이자 약으로서 인식되었는데, 루이 14세의 주치의였던 파공Fagon은 왕에게 건강을 위해 부르고뉴 와인을 마실 것을 처방했다. 프랑스 동부에 남북으로 길게 위치한 부르고뉴 지역은 왕자(공작)에게 주어지던 땅이었다. 이 지역은 포도 재배에 뛰어난 테루아Terroir(토양을 비롯한 자연환경)를 가진 지역이라서 로마제국 초창기부터 뛰어난 포도 재배지이자 와인 산지로 유명했다.

프랑스 와인의 또 다른 양대 산맥 중 하나인 보르도 와인은 프랑스 서남부 지역에서 생산되는 와인으로, 이 와인은 루이 15세 때 정치가 리슐리외Richelieu에 의해 왕실에 소개되었다. 보르도 지역에서 관료로 재직하고 돌아온 리슐리외의 혈기 넘치는 얼굴을 본 루이 15세가 그 비결을 묻자 리슐리외가 보르도 와인 덕분이라고 대답했던 것이다. 이에 질세라 루이 15세의 정부인 마담 드 퐁파두르Madame de Pompadour는 샴페인을 궁정에 소개하였다. 마담 드 퐁파두르에 대해서는 뒤에서 다시 언급하겠다.

프랑스의 역대 왕들은 관례적으로 지금의 샹파뉴 지역에 있는

모리스 켕탱 드 라 투르, 〈마담 드 퐁파두르〉

파스텔화, 1755년, 프랑스 파리 루브르 박물관.

랭스 대성당에서 대관식을 치뤘다. 그런 까닭에 샹파뉴에서 생산되는 와인을 선호했다. 그러나 샴페인이 개발되기 전 샹파뉴에서 주로 생산되던 와인은 레드와인이었다. 참고로 오늘날 우리는 발포성 와인을 흔히 샴페인이라고 부르는데, 샴페인은 프랑스의 샹파뉴 지역에서 생산된 발포성 와인에만 붙일 수 있는 용어이다. 다른 나라에서 생산된 발포성 와인은 샴페인이 아닌 다른 이름(이탈리아는 프로세코, 독일과 오스트리아는 젝트, 스페인은 카바, 미국은 스파클링 와인 등)으로 부른다.

샴페인은 샹파뉴 오비예 수도원의 수도사였던 돔 페리뇽Dom Pérignon이 발명했다고 알려져 있다. 그러나 더 거슬러 올라가보면 영국의 과학자이자 의사였던 크리스토퍼 메렛Christopher Merret이라는 사람이 그보다 40여 년 전에 이미 샴페인 제조 기법을 발명했음을 알려주는 문헌이 전해진다. 물론 돔 페리뇽이 그것을 읽고 샴페인을 제조한 것은 아니었다. 그는 수도원에서 와인을 연구하던 중 우연히 샴페인을 만드는 화학적 원리를 발견하였다. 샴페인 제조법 발견의 선후관계를 차치하더라도, 돔 페리뇽이 샴페인의 발달에 기여한 공이 워낙 컸기 때문에 오늘날 샴페인의 역사를 논할 때 그의 이름은 중요하게 거론된다.

돔 페리뇽이 샴페인의 원리를 발견하고 샴페인을 시중에 내놓은 것은 17세기 후반, 18세기 초의 일이다. 초창기의 샴페인은 발효가 덜 끝난 와인을 병에 담아 병 안에서 뒤늦게 더 발효시켜 가벼운 수준의 탄산을 얻는 정도였다. 하지만 약한 탄산이었음에도 불구하고 당시의 유리로 만들어진 와인 병은 탄산의 압력을 이겨 낼 만큼 튼튼하지 못해 곧잘 터져버리곤 했다. 돔 페리뇽은 미세한 구멍이 나 있는 코르크 마개를 병뚜껑으로 사용함으로써 이 문제를 해결했다. 샴페인을 마실 때의 즐거움 중 하나가 코르크 마개가 펑 소리를 내면서 튕겨나가는 것이고 보면 샴페인과 코르크 마개는 서로에게 대단한 시너지 효과를 주는 듯하다. 그러나 일상에서 샴페인을 마실 때에는 절대 코르크 마개가 날아가게 따서도 안 되고 딸 때 나는 소리도 최소화하는 것이 에티켓이다.

샴페인이 예술 작품에 처음 등장하는 것은 1735년 장 프랑수아 드 트루아Jean François de Troy가 그린 〈굴이 있는 점심 식사〉를 통해서였다. 이 작품은 루이 15세가 베르사유 궁의 왕의 거처에 있는 식당에 걸기 위해 트루아에게 의뢰했다. 젊은 루이 15세와 그의 귀족 친구들이 사냥을 하고 난 직후의 식사 장면이 담겨 있는 이 그림은 18세기 초 프랑스 귀족들의 전통적인 식사를 엿볼 수 있는 작품이라서 미술사적으로 가치가 높은 작품이다. 굴 요리가 남성의 정력에 좋은 음식이라는 것이 알려지면서 귀족들의 점심 식사에까지 굴 요리가 등장했는데 이때 곁들여진 음료가 바로 샴페인이었다. 그림의 중간에 보면 여러 명의 인물들이 공중을 쳐다보고 있다. 작아서 잘 보이지 않지만 자세히 살펴보면 코르크 마개가 공중에 떠 있다. 거친 사냥을 마친 남자들은 굴을 얼마나 먹었는지

장 프랑수아 드 트루아, 〈굴이 있는 점심 식사〉
캔버스에 오일, 1735년, 프랑스 샹티이 콩데 미술관.

바닥에는 굴 껍질이 나뒹굴고 있다.

프랑스 왕실에 샴페인을 소개한 인물인 마담 드 퐁파두르는 로마네 콩티 와인에 얽힌 일화에도 등장한다. 로마네 콩티는 한 병에 수천만 원을 호가하는 초고가 와인으로, 생산량 자체가 적어 세계적인 부호들도 대기자 명단에 이름을 올려놓고 기다려야 하는 와인으로 유명하다. 부르고뉴 지역에서 생산되는 로마네 콩티 와인은 이름 자체가 하나의 역사이다. 로마네 콩티는 포도 품종이 자라는 데 최고로 좋은 테루아를 가진 '로마네'라는 지역에 '콩티' 왕자가 소유한 와이너리에서 만든 와인이라는 의미가 담겼다. 지역명과 소유자의 이름을 합성하여 붙여진 이름이다. 콩티 왕자는 1760년 시장에 매물로 나온 이 와이너리를 소유하기 위해 자신의 이름 대신 시종의 이름을 빌려 입찰에 응한다. 마담 드 퐁파두르와 사이가 좋지 않았던 그는 자신이 와이너리 입찰에 응한 것을 알면, 마담 드 퐁파두르가 훼방을 놓을 것을 걱정했기 때문이다. 다행히 콩티 왕자는 이 와이너리를 무사히 낙찰받았다. 콩티 왕자는 이 와이너리에서 생산된 와인은 자신과 가까운 친구들을 위해서만 즐겼다.

루이 15세 시대의 프랑스 역사를 언급할 때 자주 등장하는 마담 드 퐁파두르는 앞에서 살펴본 것처럼 프랑스 와인의 역사를 논할 때에도 종종 등장한다. 마담 드 퐁파두르는 상당한 미모와 재능을 지녔던 여인으로 루이 15세를 대신해 프랑스의 정치와 외교에도 관여했다. 그녀는 프랑스의 유명한 도자기 브랜드인 세브르 도

자기의 건립에 적극 나섰고, 당시 불온한 세력으로 여겨지던 장 자크 루소Jean Jacques Rousseau와 볼테르Voltaire와 같은 계몽주의자들이 백과전서를 편찬하는 일을 지원하는 등 당대의 예술가와 지식인들도 적극적으로 후원했던 여인이다. 왕의 정부라는 신분적 한계 때문이었는지 왕의 관심을 자신에게 붙잡아두고자 자기와 경쟁관계에 있는 사람들을 견제하려고 했던 것으로 보인다.

콩티 왕자는 마담 드 퐁파두르의 견제를 피하고자 이름을 숨기면서까지 와이너리를 낙찰받았지만 정작 이 와이너리를 소유한 기간은 불과 30년 남짓했다. 1789년 프랑스대혁명이 일어나자 왕자들과 수도원이 소유한 부르고뉴 지역의 땅들이 국가에 모두 몰수되었기 때문이다. 이때 몰수된 땅은 작은 단위로 분할되어 소작농들에게 헐값에 매각된 이후 지금에 이르고 있다. 하도 자잘하게 와이너리가 나뉘는 바람에 가내수공업 형태로 와인을 생산하는 곳도 있지만 와인의 품질은 뛰어나다고 알려져 있다.

지금까지 살펴본 것처럼 우리가 마시는 와인을 단순히 음료로 보지 않고 인간사와 관련하여 살펴보면 와인의 역사에도 인간의 역사만큼이나 파란만장한 사연들이 깃들어 있다. 우리 식탁의 국이나 물처럼 서양인들의 식사에서 빠지지 않는 마실 것이 와인이었다. 와인은 교회에서 종교 집전용 음료로 사용되었고, 왕실이나 귀족들은 식사 때뿐 아니라 수시로 치뤄지는 파티나 행사에 필요하였기에 안정적으로 와인을 공급해줄 그들만의 와이너리가 필요했다. 역사의 파도를 거치며 프랑스의 와이너리처럼 소유주와 생산 형태가 바뀌어간 곳도 있지만 이탈리아의 안티노리 가문과 프레스코발디 가문처럼 700년이라는 세월 동안 와인을 제조해오며 여전히 명성을 이어가는 곳도 있다. 장구한 세월을 거치며 다양한 사람들의 인생살이를 담은 채 우리 앞에 와 있는 와인을 보면 홀짝 마셔버리기엔 미안해지는 세월의 힘과 인간의 노고를 느끼게 된다. 우리는 이 무수한 와인의 사연에 어떤 이야기를 보태어나갈 것인가?

한잔 술에 담긴
권력의 흥망성쇠

술은 적당히 마시면 약이 되지만, 지나치게 과음하면 중독이 되고, 중독이 심해지면 개인의 삶을 파멸로 이끌기도 한다. 술은 개인의 삶에도 큰 영향을 미치지만, 술 때문에 한 나라가 몰락하는 경우를 역사에서 종종 발견한다. 이번 글에서는 술과 관련한 역사 속 사람살이 이야기를 해보려고 한다. 절대 권력을 누리던 프랑스의 절대왕정도 술 때문에 몰락했을 정도라면 역사에서 술은 가벼이 볼 주제가 아니다.

와인, 절대왕정의
몰락을 불러오다

'짐이 곧 국가다'라고 일컬을 만큼 강력한 왕권을 휘두르던 태양왕 루이 14세가 72년간 프랑스를 통치하던 시기, 프랑스의 경제적 기반은 서서히 무너지고 있었다. 루이 14세는 지방 귀족들의 발호를 미연에 막기 위해 그들을 호화로운 베르사유 궁으로 불러들여 매일 파티를 벌였다. 또한 갖은 에티켓을 만들어내 귀족들이 그것을 숙지하는 데 정신이 팔리게 만들어 귀족들의 관심을 궁정 내에 붙잡아두었다. 밖으로는 끊임없이 전쟁을 도발해 백성들의 삶을 도탄에 빠뜨렸다. 절대왕정의 실정은 이후 왕위를 물려받은 그의 증손자 루이 15세에 이르러서도 이어졌다. 루이 15세는 정치에 도통 관심이 없었다. 왕을 대신하여 그의 정부 마담 드 퐁파두르가 정치를 장악했다.

절대왕정에 대한 백성들의 원성은 루이 16세에 이르러 극에 달한다. 그 자신이 무능한 왕의 표본이었을 뿐만 아니라, 그의 부인 마리 앙투아네트Marie Antoinette는 극심한 사치로 세간의 원성을 사고 있었다. 왕을 비롯한 귀족들이 대단한 호사를 누리던 그 시절, 서민들의 삶은 말할 수 없이 피폐했다. 왕은 비어가는 국고를 채우기 위해 세금을 더 걷어들일 수밖에 없었다. 이것은 빵 값과 포도주 값의 갑작스러운 인상으로 이어졌고, 안 그래도 삶이 피폐했던

◆

작자 미상, 〈루이 16세〉

에칭 판화, 1792년. 와인 병을 들고 있는 루이 16세의 모습이 풍
자적으로 그려져 있다.

시민들의 분노가 폭발하며 프랑스대혁명의 기폭제가 되었다. 유럽에서 와인은 여흥을 위한 술이 아니라 물 대신 음용하던 생필품이었다. 수질이 좋지 않고 물의 오염이 심했던 유럽에서 와인은 가장 안전한 음료였다. 빵과 더불어 와인은 매 끼니 서민의 식탁에서 일용할 양식이었다. 서민들의 궁핍한 삶을 헤아리지 못하고 빵과 와인의 가격을 올리면서 여전히 향락에 빠져 있던 프랑스 왕실은 결국 화를 자초하고 말았다. 안 그래도 지구가 소빙하기에 들어가 제대로 농작물이 성장하지 못하며 흉작이 연이어져 서민들이 굶주리고 있었음에도 이를 제대로 파악하지 못한 왕실의 무능력은 결국 왕정 붕괴라는 역사적 결과를 초래하고 말았다.

흥미로운 사실은 절대왕정이 통치하던 유럽 대륙에 기근이 닥쳤던 그 시기에 조선 땅 역시 작황이 좋지 않아 백성들이 심각하게 굶주렸다는 사실이다. 1300년경부터 1850년경까지 지구는 소빙하기에 들어갔는데, 특히 17~18세기 들어 지구 전체의 온도는 가장 낮은 수준으로 떨어져 당시의 평균기온에 비해 1~1.5도 정도 기온이 낮았다. 이 차이가 농작물의 수확 시기를 보름 정도 늦추게 만들었고, 이 보름의 차이는 굶주리는 백성들이 죽느냐 사느냐 하는 문제와 이어졌다.

조선 땅에
금주령이 내려진 까닭은?

와인은 포도로 빚는 술이지만, 우리는 쌀로 술을 빚는다. 먹을 것이 없어 백성들이 굶어 죽는 판국에 쌀로 술을 빚도록 허용할 수는 없었다. 조선의 역사에서 금주령이 내려진 경우가 종종 있었지만 특히 영조는 수시로 금주령을 내렸다. 영조가 프랑스 절대왕정의 군주들과 달랐던 것은 백성들의 어려운 삶을 헤아려 흉년이 든 해에는 스스로 수라상의 반찬 가짓수를 줄이고, 식사 횟수도 대폭 줄이며 솔선수범을 보였다는 점이다.

조정에서 강력하게 금주령을 내렸지만 잘 지켜지지 않았다. 조선은 효를 중시하는 유교 문화의 사회였기에 제사에 필요한 제주의 주조까지 금지할 수는 없었다. 이를 빌미로 법령을 악용하는 사람들이 생겨났다. 특히 권력자나 부유한 양반가일수록 더했다. 부유한 위정자들이 주로 마셨던 소주는 청주나 막걸리에 비해 원재료인 쌀이 훨씬 많이 필요했다. 쌀로 술을 빚는 기본적인 방법은 쌀로 고두밥을 지은 후 누룩과 버무려 항아리에 재워 발효 숙성시키는 것이다. 이것을 맑게 걸러내면 청주가 되는 것이고, 막 거르면 말 그대로 막걸리가 되는 것이다. 소주는 여기에서 한 단계 더 나아가 일차로 만들어진 술을 증류시켜 방울방울 얻어낸 술이다. 소주는 한자로 '燒酒'라고 쓰는데, '불로 태운 술'이란 의미이다. 한자 안에 이미 소주의 제조 원리가 담겨 있는 것이다.

소주는 고려 시대 몽골의 지배를 받던 시기 우리나라에 들어왔다. 칭기즈칸으로 상징되는 몽골제국은 중동 지역까지 그 위세를 떨쳤는데, 제국을 확장해나가던 몽골인들은 자신들의 정복지에서 아랍인들이 마시던 음료이자 증류수인 아락Arak을 접하게 된다. 그것이 우리나라에까지 전해져서 만들어진 술이 소주이다. 오늘날 소주로 유명한 지방(안동, 경기, 제주 등지)들은 몽골이 고려를 지배하기 위해 머무르던 주둔지였다. 참고로 오늘날 우리가 흔히 마시는 소주는 증류 방식으로 만든 소주가 아니라, 주정에 물을 타서 알코올 도수 20도 내외로 희석한 술이다. 이에 반해 안동소주, 문배주 등과 같은 전통 소주는 증류 방식으로 만들어지기 때문에 알코올 도수가 45도 이상이다.

18세기에 그려진 조선 풍속화에도 술이 자주 등장한다. 그림에 등장하는 잔 크기와 술 마시는 장소만 봐도 어떤 계층의 사람이 어떤 술을 마시는지 알아차릴 수 있다. 알코올 도수가 낮은 막걸리는 큰 사발에 담아 마셨다. 알코올 도수가 막걸리보다 높은 청주나 소주는 작은 잔에 따라 마셨다. 바쁜 농사철에 밥 대신 한 사발 들이켜면 허기를 채울 수 있던 막걸리는 서민의 술이었던 반면 여유가 있는 계층의 사람들은 조금 더 고급스러운 청주와 소주를 마셨다.

김홍도와 신윤복은 영정조 시대의 대표적인 풍속화가들이다. 두 화가의 그림에 묘사된 술을 통해 당시의 술 문화를 살펴보자.

우선, 김홍도의 〈주막〉을 보면 주모가 부뚜막 위의 항아리에서 술구기(술을 푸는 국자 모양의 도구)로 술을 퍼내고 있는데, 술을 담는 사발이 대단히 크다. 서민들의 술, 막걸리임을 알 수 있다. 신윤복의 〈주사거배〉 속 주모 역시 부뚜막 위에 잔을 놓고 중탕한 술을 술구기로 퍼서 손님들에게 건네고 있다. 술구기도 작고 술잔도 작은 것으로 봐서 청주나 소주가 아닐까 싶다. 금주령이 자주 내려지던 시절인데, 선비들과 공직에 있는 사람들이 선술집에서 관복을 입은 채 술을 마시고 있다. 금주령은 내려졌으되 법을 어기고 몰래 술을 만들어 파는 자가 있었고, 또 법을 어기고 술을 사마시는 자가 있었음을 신윤복의 그림을 통해서 살펴볼 수 있다.

김홍도의 〈주막〉과 신윤복의 〈주사거배〉에서 또 한 가지 눈에 띄는 장면이 있다. 술독을 부뚜막 위에 올려놓고 있거나 솥이 걸려 있는 뜨끈한 부뚜막 위에 술잔을 놓고 술을 퍼주는 모습이다. 와인은 과실주이기에 차갑게 해서 마시거나 실온에 두고 마셔야 제맛인 데 반해, 곡류로 주조한 술은 소화를 돕기 위해 따뜻하게 데워 마시던 문화가 그림에도 반영되어 있다. 고려 시대의 청자로 만든 주전자를 보면 주전자 밑에 '승반'이 세트로 갖춰져 있다. 따뜻한 물을 담은 승반 안에 주전자를 두어 술을 따뜻하게 마시기 위한 용도였다. 그러나 오늘날 승반은 많이 없어지고 주전자만 남아 전해지다 보니 우리 술 문화에 대한 이해가 제대로 되지 않은 듯하다.

김홍도, 《단원풍속화첩》 중 〈주막〉
종이에 담채, 18세기 후반, 국립중앙박물관.

신윤복, 《혜원전신첩》 중 〈주사거배〉
종이에 담채, 18세기 후반, 간송미술관.

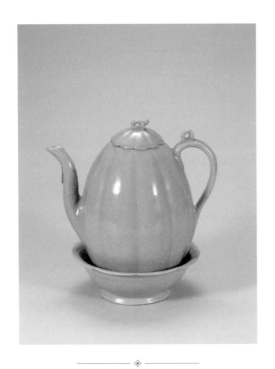

청자 음각 연화문 주자 및 승반

12세기, 국립중앙박물관.

와인 : 나를 위로하는 디오니소스의 속삭임

일제강점기의 가양주 금지령,
술의 역사에 서린 망국의 슬픔

일제강점기, 일제의 경제 수탈은 우리의 전통 술 문화에도 영향을 미쳤다. 조선 땅에 일본인들이 세운 양조회사들이 속속 생겨나며 일제는 우리의 가양주 문화를 금지했다. 일제는 조선 사람들이 그들이 세운 양조회사의 술을 사도록 유도함으로서 주세를 거둬들일 목적이었다. 우리나라는 전통적으로 제사를 지낼 때 올릴 제주를 집에서 빚던 가양주 문화가 강했기 때문에 집집마다 술맛이 다르고 뛰어난 맛을 지닌 개성적인 술이 많았다. 그런 문화들이 일제강점기를 거치면서 거의 다 사라져버렸다. 그나마 안동의 종가댁들을 중심으로 우리의 가양주 문화가 명맥을 유지하고 있어서 다행이다.

와인과 소주를 중심으로 술에 얽힌 동서양 역사 속 사람살이 이야기를 살펴보았다. 서양의 와인은 음식의 풍미를 살려주며 국이나 물의 대용으로 마시던 필수적인 음료였다면, 우리의 곡주는 기호식품이자 제주로서 사용되던 문화적인 음료였다. 어떠한 경우이든 적당한 술의 음용은 긍정적인 효과를 가져오지만 술이 본래의 기능을 벗어나 권력의 수단이나 욕망의 수단으로 변하고 나면 술은 개인의 삶뿐만 아니라 한 나라의 운명을 몰락으로 이끌어가기도 한다. 프랑스처럼 와인이 일용할 양식인 나라에서 권력자들이 자신들의 향락적인 삶을 유지하고자 궁핍해진 서민들에게 세금을 과하게 부과하며 빵 값과 와인 값까지 올리자, 이에 분노한 사람들의 궐기로 결국 왕조는 몰락의 길을 가고 말았다. 반면 조선은 왕이 앞장서서 솔선수범하여 금주령을 지키며 백성을 돌보고자 했으나 법을 지키지 않고 자신들의 욕망 채우기에 급급했던 위정자들이 자신들의 이권을 위해 정치를 이끌어가며 결국 나라를 잃고 말았다. 일제의 통치 기간을 거치며 집집마다 개성적으로 주조되던 가양주 문화가 사라지고 만 것은 아쉽지 않을 수 없다.

술은 인류의 문명과 함께 장구한 세월을 같이 해온 음료이다. 따라서 술을 인간의 삶과 별개로 떼어놓고 술 자체로 좋다 나쁘다 평가할 수 없다. 술은 당대 권력의 흐름과 변화를 살펴볼 수 있는 하나의 중요한 매개체이다. 술을 마시려는 자와 금하려 했던 자들의 이야기, 더 좋은 술(과 향락)을 누리고자 백성의 고혈을 짜내려 했던 위정자들의 이야기는 한잔 술의 위력과 그것의 허망함을 동시에 보여준다.

욕망의 와인,
와인의 욕망

　　종교, 의례, 예술 등 인류의 역사가 고스란히 담긴 와인은 파는 이에게는 수익성 좋은 비즈니스로, 소비하는 이에게는 자신의 취향과 지위를 과시하는 욕망의 아이콘으로 변화했다. 그로 인해 와인 한 잔에 깃든 의미와 역사보다는 와인의 빈티지, 품종, 그에 따른 가격이 와인의 전부인 양 과시적으로 소비되는 양상을 보이기도 한다.

　　지금까지는 서양 문화에서 와인이 가진 상징성과 그것의 역사에 대해 인문학적인 시선으로 되짚어보았다면, 이번에는 와인이 전 세계로 퍼져나간 과정과 와인의 품질 향상을 위해 노력해온 사람들의 이야기 등 비교적 현재와 가까운 시기의 와인과 관련된 이야기를 해볼까 한다.

19세기 세계박람회와
프랑스 보르도 와인의 열풍

　19세기 들어 산업혁명을 가장 먼저 완수한 영국을 시작으로 세계박람회가 개최되기 시작했다. 1851년 런던에서 제1회 세계박람회가 열린데 이어 1855년 프랑스 파리에서 제2회 세계박람회가 개최되었다. 당시 프랑스 정부는 세계박람회를 앞두고 전 세계에서 몰려들 관람자들에게 제공할 와인을 선정하느라 고심했다. 이미 세계적인 와인 생산국으로 명성이 자자했던 프랑스였기에 그에 걸맞은 와인을 준비해야 했기 때문이다. 고심 끝에 프랑스 정부는 보르도 상공회의소에 보르도 지역의 와인 중 품질이 뛰어난 와인을 선별하도록 지시한다. 이쯤에서 자연스레 궁금증 하나가 떠오른다. 보르도 외에도 훌륭한 와인 생산지는 많았을 텐데, 왜 보르도 지역에 그와 같은 특별 지시를 내렸을까? 정답은 역사 속에 있다.

　보르도 와인은 오랫동안 영국 사람들에게 사랑을 받았다. 12세기 보르도 지역의 여공작 알리에노르 다키텐Aliénor d'Aquitain은 영국의 헨리 2세에게 시집을 가면서 자신의 영토를 결혼 지참금으로 가져갔다. 이 말인즉슨 오늘날 프랑스 영토인 보르도가 오래전에는 영국 땅이었다는 의미이다. 덕분에 영국인들은 관세 없이 들여오는 맛 좋은 보르도 와인을 싼값에 마실 수 있었다. 그러나 세월이 흘러 프랑스와 영국 간에 왕위 계승권을 둘러싼 정치적 문제가 발생했다. 결국 이 문제는 양국 간의 전쟁을 불러왔으니 그것이 바로 영국과 프랑스 사이에 100년 넘도록 지속된 백년전쟁이다.

1328년, 프랑스의 샤를 4세가 왕위 계승자 없이 세상을 뜨자 그의 사촌동생 필립 6세가 왕으로 즉위한다. 그러나 영국 왕 에드워드 3세는 샤를 4세의 누이가 자신의 어머니이므로 프랑스 왕위 계승권은 자신에게 있다고 주장한다. 이미 프랑스 왕에 즉위한 필립 6세는 프랑스 내의 영국 땅인 기옌공국(지금의 보르도 지역)의 몰수를 선언했고, 이에 영국의 에드워드 3세는 프랑스를 상대로 전쟁을 선포한 것이 백년전쟁의 서막이다.

영국은 당시 프랑스령이었던 플랑드르 지역(지금의 벨기에)에 수출하던 양모 공급을 중단하는 등 프랑스 경제에 타격을 가하고자 했지만, 이 전쟁은 1453년 프랑스가 승리를 하며 끝이 났고, 보르도 지역은 프랑스 땅이 되었다. 오랫동안 보르도 와인을 마셔온 영국인들은 백년전쟁 이후 관세를 지불하며 수입해오는 와인을 비싼 값으로 사서 마셔야 했지만 영국인들의 보르도 와인 사랑은 변함이 없었다. 그만큼 보르노 와인은 맛이 보장된 와인이있다.

맛으로 따지자면 프랑스 와인의 양대 산맥인 부르고뉴 와인도 못지않았다. 그런데 왜 부르고뉴 와인은 1855년 세계박람회를 앞두고 선정 대상에서 빠지게 되었을까? 다시 역사 속으로 들어가보자. 부르고뉴 지역은 로마제국 시기부터 이미 와인 산지로 명성을 누리고 있었다. 부르고뉴 지역은 프랑스 왕의 아들(공작)에게 하사되던 땅이었다. 이 지역에 위치한 교회들이 넓은 와이너리를 관리하며 수도사들의 노력으로 와인의 품질 향상에 기여했다. 부르고뉴 와인은 루이 14세 시대에 프랑스 왕실에 납품되는 와인으로 지정될 만큼 그 품질이 훌륭했다.

그런데 앞에서도 기술했지만 1789년 프랑스대혁명이 일어난 이후 왕실 소유의 부르고뉴 지역을 혁명정부가 몰수한 뒤 땅을 나눠 소작농과 시민들에게 싼값에 불하했다. 땅을 불하받은 사람들이 와이너리를 경영하다 사망하면 그 와이너리는 프랑스 상속법에 따라 자식들에게 균등하게 상속되었다. 땅이 자녀들의 수에 따라 또다시 잘게 쪼개졌다는 의미이다. 이런 과정이 대를 이어가며 반복되자 부르고뉴 지역의 와이너리들은 점점 잘게 쪼개져 현재는 가내수공업 형태의 소규모로 와인을 생산하는 곳들도 있다. 와인 전문가들이 관리하던 왕실 소유의 와이너리 혹은 수도사들이 관리하던 교회 소유의 와이너리들이 잘게 나뉘어져 개인들이 관리하게 되면서 그동안 전통적으로 내려오던 부르고뉴 지역 와인의 명성은 흔들렸다. 뿐만 아니라 와이너리들의 규모가 작다 보니 전 세계에서 몰려올 손님들을 위해 대량으로 와인을 공급할 만한 여력이 되지 못했다. 세계박람회를 앞두고 부르고뉴 와인이 만찬주 선정 대상에서 제외된 이유가 여기에 있다.

프랑스 정부의 지시를 받은 보르도 상공회의소는 보르도 지역의 유명 와인들을 분류하기 시작했다. 당시에도 보르도에는 대단히 많은 와이너리들이 있었고, 좋은 와이너리에서 생산한 와인은 이미 유명세를 타고 비싸다는 등식이 세간에 형성되어 있었다. 이런 기본적인 자료를 토대로 보르도 상공회의소는 와인의 등급을 분류했다. '1855년의 보르도 등급분류'라는 명칭으로 불린 이 분류에서는 최고 품질인 그랑 크뤼Grand Cru 등급을 다시 5개의 등급으로 분류했다. 그 결과, 총 61개의 와이너리가 선정되었다 그러나이 등급 분류는 현재까지 많은 논란의 원인이 되고 있다. '1855년의 보르도 등급분류'는 150여 년이 지난 지금까지도 와인의 수준을 상징하는 기준으로 작용하고 있다. 1855년의 세계박람회를 위해 일시적으로 지정한 등급 분류가 지금까지도 영향을 미치고 있으니 와인업계에서는 볼멘소리가 나올 수밖에 없다. 당시 등급에들어 유명세를 얻었지만 품질 향상을 위한 노력을 게을리해 세월이 흐른 지금은 이름값을 하지 못하는 와이너리도 있고, 또 그와는 반대인 경우도 있기 때문이다. 명성이 곧 돈과 연결되니 왜 불만이 없겠는가?

세계박람회 이후 안 그래도 맛과 품질로 명성이 자자했던 보르도 와인이 전 세계적으로 더욱 유명해지자 이름을 도용하거나 보르도 와인에 다른 와인을 섞어 파는 등 와인 판매 사기가 늘어났다. 1932년 프랑스는 와인 관리를 국가 차원에서 좀 더 철저히 할 필요성을 느꼈다. 그리하여 실시한 제도가 '원산지 명칭 통제 제도AOC, Appellation d'Origine Contrôlée'이다. 이 제도는 와인 관리를 위한 모범 사례가 되어 와인을 생산하는 많은 나라에서 유사 제도를 도입하고 있다.

신대륙 와인들의 약진, 와인의 춘추전국시대

1860년부터 이후 10여 년간은 와인을 생산해온 구세계 와인 업자들에게 악몽의 시절이었다. 구세계란 그리스, 이탈리아, 프랑스, 스페인과 같이 오랜 와인의 역사를 지닌 유럽의 나라들을 지칭하는 말이다. 신대륙 미국에서 들여온 포도나무 묘목에 따라 들어온 '필록세라'라고 하는 포도나무 뿌리에 기생하는 진딧물이 전 유럽에 퍼져나가며 유럽의 거의 모든 와이너리들이 파괴되었기 때문이다. 10여 년에 걸친 기간 동안 마땅한 치료책을 찾지 못해 구대륙의 많은 와이너리들이 도산했고, 이때 도산한 사람들이 피레네산맥 너머의 스페인이나 신대륙 칠레로 이주했다.

미국에서 유럽으로 포도나무 묘목이 수입되었다는 것은 신대륙에서도 와인 생산이 이뤄졌다는 뜻이기도 하다. 1492년 콜럼버스가 신대륙을 발견하자 많은 유럽인들이 대서양을 거쳐 아메리카 대륙으로 건너갔다. 그렇게 이주해온 사람들에 의해 신대륙의 와이너리 개척이 시작되었다. 유럽이 식민지 개척을 하면서 가장 먼저

파견한 사람들은 포교의 임무를 갖고 보내진 신부들이었다. 미사 집전을 위해서는 성찬 의식에 쓰이는 와인이 필요했고, 이런 이유로 신대륙에는 점차 포도 재배가 확산되었다. 남아메리카의 칠레나 페루의 경우는 16세기부터 기독교를 통해, 남아공의 경우는 17세기 무렵 네덜란드인과 프랑스 청교도인에 의해, 미국 캘리포니아는 18세기 중후반 샌디에이고의 프란체스코 수도사들에 의해 포도 재배가 시작되었다. 호주는 스코틀랜드인 제임스 버스비James Busby가 19세기 초 시드니 인근에 유럽의 포도 재배 기술을 전하면서 호주 대륙의 첫 번째 포도밭을 일구게 되었다. 시기적으로는 뒤늦게 만들어지기 시작했지만 신세계 와인은 구세계 와인을 대표하는 프랑스의 와인 제조 양식을 배워가며 뛰어난 품질의 와인을 만들어내기 시작했다. 그러나 오랜 세월 와인 제조의 노하우를 축적하고 훌륭한 테루아를 가진 구세계 와인의 명성을 넘어설 수는 없었다.

그런데 1976년, 와인의 역사에 길이 남을 사건이 하나 일어난다. 신세계 와인이 구세계 와인의 아성을 공식적으로 뛰어넘는 일이 벌어진 것이다. 당시 영국에서 와인숍을 운영하던 스티븐 스퍼리어Steven Spurrier라는 영국인이 프랑스 파리에서 이벤트성으로 개최한 블라인드 테이스팅 결과가 전 세계를 발칵 뒤집어놓게 되었다. 그는 프랑스의 유명 와인 평론가들을 초빙하여 파리의 한 호텔에서 프랑스 와인과 미국 나파 밸리의 와인들을 중심으로 블라인드 테이스팅을 실시했다. 그 결과, 레드와인과 화이트와인 모두 미국 나파 밸리 와인이 1등을 차지했다.

당시 이 이벤트를 취재한 〈타임〉지 기자는 '파리의 심판'이라는 제목으로 기사를 실었고, 이 사건은 미국뿐만 아니라 전 세계적으로 큰 주목을 받았다. 당시 블라인드 테이스팅에서 1등을 차지한 와인은 현재 미국 워싱턴 D. C. 스미스소니언 박물관에 영구 보존되어 있다. 이 사건의 영향이 얼마나 거셌는지, 당시 화이트와인 분야에서 1등을 한 나파 밸리의 샤토 몬텔레나 샤도네이 이야기는 〈와인 미라클〉이라는 영화로 제작되기도 했다. 이 사건으로 신세계 와이너리들도 노력하면 구세계 와인에 못지않는 훌륭한 와인을 만들 수 있다는 자신감을 얻게 되었다.

고급한 문화의 상징,
와인의 미래는?

오늘날 와인은 마트 주류 코너에서도 쉽게 살 수 있을 만큼 대중적인 술로 자리 잡았다. 반면 와인이 여전히 개인의 취향과 부를 드러내는 술인 것도 사실이다. 와인은 하나의 문화로 인식이 되고 있고, 와이너리를 소유하는 것은 부유함의 상징이자 문화인의 척도로 인식되기도 한다. 그래서 그런지 요즘엔 각계각층의 사람들이 와인에 관심을 가지고 와이너리를 소유하는 경향이 늘어나고 있다.

화이트와인 부문 1등을 차지한 1973년 빈티지의 샤토 몬텔레나 샤도네이
는 미국 워싱턴 D. C. 스미소니언 박물관에 영구 소장되었다.

정치가, 영화배우, 영화감독, 운동선수 등 유명인들이 와이너리를 구매했다는 뉴스를 종종 접하곤 한다. 미국 연방하원의회 의장인 낸시 펠로시, 영화배우 안토니오 반데라스, 드류 베리모어, 제라르 드파르디유, 가수 마돈나, 클리프 리차드, 스팅, 영화감독 프란시스 포드 코폴라, 프로골퍼 아놀드 파머, 중국 출신 NBA 농구선수였던 야오밍 등 와이너리를 소유한 유명인들은 손에 꼽을 수도 없이 많다.

와이너리를 소유하면 세금 혜택도 많기 때문에 기업체들도 와이너리를 소유하려고 한다. 실제로 유명 와이너리의 소유주가 대기업으로 바뀌는 사례가 점차 늘고 있다. 루이비통으로 대표되는 프랑스의 명품 그룹 LVMH 사는 샴페인으로 유명한 모에 샹동, 베브 클리코, 루이나르, 보르도 소테른의 샤토 디켐, 생테밀리옹의 샤토 슈발 블랑 등 프랑스 내에서도 명품 중의 명품으로 손꼽히는 와인을 생산하는 와이너리들뿐만 아니라 전 세계에 걸쳐 최고 수준의 와이너리를 소유하고 있다.

그러나 와인을 생산하는 나라들은 늘어가는 데에 반해 와인 소비량은 점차 줄어드는 추세이다. 알코올중독과 같은 술의 부작용이 널리 알려지며 술은 아예 입에도 대지 않는 사람들이 많아지고 있기도 하거니와, 와인 이외에도 다른 대안 음료들이 많아지고 있기 때문이다. 이런 상황에서 도산하는 와이너리들도 늘어갈 뿐더러 싼값의 와인을 생산하던 와이너리 중에는 생존을 위협받을 정도로 재정 상태가 심각해 알코올을 주원료로 사용하는 회사에 와인을 공업 원료로 팔기도 한다는 기사를 보기도 했다. 이런 실정이다 보니 와이너리들도 전략을 바꾸어 꾸준히 와인을 마시는 애호가들을 타깃으로 와인의 품질을 업그레이드하며 고급화 전략으로 나아가고 있는 추세이다.

와인 소비량이 세계적으로 점차 줄어들고 있다지만, 와인이 우리 일상에서 사라지는 일은 없을 것이다. 와인은 수천 년 동안 인간의 삶과 함께 해온 음료이자 역사적으로 중요한 문화적 상징물이기 때문이다. 특히 서양 문화권에서 와인이 차지하고 있는 위상은 남다르다. 기독교인들은 여전히 빵과 와인을 보면 예수의 피와 살을 떠올린다. 미술, 신화 등 서양의 문화를 공부할 때마다 와인이라는 술이 인간의 문명사와 깊숙이 관련을 맺어왔음을 새삼 발견한다. 이제 와인은 전 세계인이 즐기는 보편적인 음료가 되었다. 일상에서 축하할 일이 있을 때 우리는 자연스레 샴페인을 떠올린다. 스테이크를 먹을 때는 레드와인을, 해물요리나 스파게티를 먹을 때는 화이트와인을 곁들이고 싶어진다. 일상에서 쉽게 접하는 와인 한 잔에도 사람들의 염원과 욕망의 변천사가 깊게 자리하고 있는 것이다.

인문학 공부로 비로소 깨닫게 된
내 마음의 중심과 본질

나는 40대가 되어서 나를 위한 진짜 공부를 시작했다. 성인이 되고 난 뒤 스스로 공부의 필요성을 느끼고 관심을 가진 분야를 공부하는 것은 학창 시절 공부와는 전혀 다른 재미와 성취감을 주었다. 알고 싶던 분야의 책들을 읽고, 나의 생각과 깨달음을 글로 쓰는 과정은 무척이나 즐거웠다. 내가 신화를 비롯한 인문학 공부를 시작하던 무렵은 한국에 인문학 열풍이 불기 전이었다. 요즘은 인문학 입문서들이 많이 출간되어 있지만, 당시에 나는 인문학 공부를 어떻게 해야 할지 몰라 좌충우돌하면서 먼 길을 돌아왔다. 지금에 와서 생각하면 그 시간들이 헛되지는 않았다. 그렇게 먼 길을 돌아오며 곁길로도 새어보고, 왔던 길도 되돌아보며 천천히 걸어온 경험들이 오히려 나의 든든한 지적 자산이 되었다.

나는 나에 대해서 알고 싶었다. 초중고와 대학까지 정규 교육을 전부 마치고 세상에 나갔지만 여전히 나는 나에 대해 알지 못했다. 갑자기 엄습하는 불안과 내면에서 들끓는 세상을 향한 욕심으로 마음이 편한 날이 없었다. 마음의 작용이 알고 싶어 20대와 30대 내내 불교를 공부했지만 부처의 가르침을 이해할 만큼 내 마음의 도량이 넓지 못했다. 변화의 계기는 40대에 접어들어서 찾아왔다.

오래전부터 간절히 하고 싶었던 그림을 그리면서 내 삶의 물꼬가 새롭게 트였다. 그림 그리기를 시작하자 예술을 제대로 알아야겠다는 생각이 들어 미술사 공부를 시작했다. 미술사 공부를 열심히 했지만 예술이란 것은 미술사 공부만으로 이해가 되는 분야가 아니었다. 예술 작품이란 당대를 살아간 사람들의 삶에 관한 이야기였다. 사람을 이해해야 작품도 해석할 수 있겠다는 생각이 들었다. 자연스레 인문학 분야로 영역을 넓혀가며 공부를 하지 않을 수 없었다. 마흔의 공부가 재미있었던 이유는 공부를 해나가면서 오랫동안 이해되지 않던 내 마음의 다양한 감정과 억압에 대해 이해가 되기 시작했기 때문이다. 나를 조금씩 알아간다는 것은 대단히 큰 기쁨이었다.

공부한 것이 쌓여가자 기록하고 정리할 필요성을 느꼈다. 그래서 나만의 공부 공간을 온라인 세상에 만들었다. 내가 읽고, 쓰고, 보고, 느끼는 것을 블로그에 올리기 시작했다. 블로그는 나만의 서재이자 학원 역할을 해주었다. 블로그는 소통의 공간이기도 했다.

블로그를 운영하면서 함께 공부하는 즐거움에 대해 알게 되었다. 내 글을 읽고 자신들의 생각을 댓글로 달아주는 친구들과의 소통이 점점 늘어가며 서로에게 좋은 영향을 주고받는 관계로 발전해 가는 것이 즐거웠다.

나는 그런 나의 소중한 공간에 '올리브 동산'이라는 이름을 붙였다. 플라톤의 아카데메이아가 있었던 올리브 동산을 떠올리면서. 오늘도 나는 나만의 아카데미에서 읽고 쓰며 공부한다. 인생의 후반기에 접어들어 온 세상 친구들과 더불어 하고 싶은 공부를 하며 인생을 살찌워 가고 있는 지금, 이것만큼 보람차고 의미 있는 삶이 또 있을까?

40대의 어느 날 다시 붓을 들었던 그때로부터 꽤 오랜 시간이 흘렀다. 예술이 나를 성장하게 했고, 예술과 신화를 알고자 노력하는 과정을 통해 나에 대해서 더 이해하게 되었다. 내가 무엇을 할 때 즐겁고 행복한지, 앞으로 무엇을 하고 싶은지도 알게 되었다.

아직도 내가 누군지, 무엇을 좋아하고 무엇을 하고 싶은지 찾고 있는 분이 계신다면 나는 예술과 인문학 공부에서 그 길을 찾았고, 기대했던 것보다 훨씬 큰 기쁨을 얻었노라고 말씀드리겠다. 나는 앞으로도 그 방향을 향해 꾸준히 걸어갈 것이다. 나의 글이 자신의 길을 찾고 있는 독자들께 조금이나마 도움이 될 수 있기를 희망해본다. 그리하여 함께 성장하는 삶으로 같이 나아갔으면 좋겠다.

내가 누군지도 모른 채 살아온 나를 위한 진짜 공부

마흔의 인문학 살롱

초판 1쇄 발행 2020년 8월 17일
초판 2쇄 발행 2021년 1월 11일
지은이 우재

펴낸이 민혜영
펴낸곳 (주)카시오페아 출판사
주소 서울시 마포구 월드컵로14길 56, 2층
전화 02-303-5580 | **팩스** 02-2179-8768
홈페이지 www.cassiopeiabook.com | **전자우편** editor@cassiopeiabook.com
출판등록 2012년 12월 27일 제2014-000277호
편집 최유진, 위유나, 진다영 | **디자인** 고광표, 최예슬 | **마케팅** 허경아, 김철, 홍수연

ISBN 979-11-90776-14-1   03100

이 도서의 국립중앙도서관 출판시도서목록 CIP은 서지정보유통지원시스템 홈페이지
(http://seoji.nl.go.kr)와 국가자료공동목록시스템(http://www.nl.go.kr/kolisnet)에서
이용하실 수 있습니다. (CIP제어번호: 2020030465)

* 잘못된 책은 구입하신 곳에서 바꾸어 드립니다.
* 책값은 뒤표지에 있습니다.